銀行が見放さない

元融資担当が教える

「金融円滑化法」が打ち切られても生き残るための鉄則

資金繰りの方法

元融資担当の企業再生コンサルタント
小泉昌克
Masakatsu Koizumi

SOGO HOREI PUBLISHING CO., LTD

はじめに

ある日、私のところに資金繰りにお困りのA社長がいらっしゃいました。

A社長「お金を貸してくれる金融機関はありませんか？」

私「もう少し詳しく話を伺わないと、何とも言えません」

A社長「それじゃあ、資金調達の裏ワザみたいなものはありませんか？」

私「そんなものはありません」

A社長（逆ギレ気味に）「じゃあ、どうすればいいんですか」

私「考え方を変えてください。そして〝覚悟〟をもって〝知識〟をつけて、〝行動〟を起こしてください」

A社長「……。そんな抽象的なことじゃ、解決しないでしょ」

私「おっしゃる通りです。覚悟の中身、知識の中身、行動の中身、この3つの中身を深めて具体的にやっていくことが大事です」

A社長「そんなことで問題は解決するとは思えないね。今すぐにでもお金が必要なんだよ」

私「それがこの3つで解決するんです。お聞きになりたいですか？」

A社長「……。まぁ、聞くだけだったら」

私「その前に、1つお願いがあります。社長、覚悟を持って聞いていただけますか」

——1年後。

A社長「いやぁ、会社が1年間で、こんなに回復するとは思いませんでしたよ。これも俺の手腕と、少しの小泉さんの力ですね。それにしても小泉さんのあのときの態度はないよなぁ……まぁ、でも業績は回復したから感謝していますよ。でも本当は半信半疑だったんですよね」

Ａ社長はいつもこうやってチクチク言ってこられる方です。この「チクチク」がＡ社長らしいなぁと、私はうれしく思っています。

とは言うものの……やっぱりそろそろやめてほしいかな（笑）。

２００９年末、金融危機・景気低迷による中小企業の資金繰り悪化などへの対応策として、中小企業金融円滑化法（通称：モラトリアム法。本書では「金融円滑化法」とします）が施行されました。２度の延長を経て、２０１３年3月末で打ち切りが発表されています（２０１２年12月現在）。

世間では今、この金融円滑化法が、結局いい法律だったのか、悪い法律だったのか、という議論が起こっています。総括するのは自由ですが、中小企業経営者からしてみれば、そんなことは関係ありません。

「会社を存続できるかどうか」

このことこそ、中小企業にとっての一大事なのです。

日頃、企業再生のサポートをさせていただく中で私は、中小企業が資金繰りの困難を乗り切るためには、３つの要素が必要だと考えています。

①覚悟、②知識、③行動です。

物事に良い面と悪い面があるように、金融円滑化法を活用している会社の中でも、生き残る会社もあれば、さらに業況が悪くなったと考える会社もあります。

しかし少なくとも今、この本を手に取ってくださったあなたは、「①覚悟」を決め、前者の生き残る会社に入る意欲を持っていると思います。

人は、差し迫った重要事に対して、目を背けようとします。もしかするとあなたも、金融円滑化法打ち切りに伴い対応が迫られているにもかかわらず、これまではおざなりになっていたかもしれません。しかしそれは単に、「②知識」が不足しているからなのです。「②知識」が深まれば、あとはその「②知識」をもとに「③行動」するのみです。金融円滑化法が打ち切りになっても、何も怖いものなどありません。

「③行動」を起こさなければ何も始まらない、ということは、経営者であればすでに理解されていることでしょう。それも、経験や勘だけでなく「②知識」をもとにした「③行動」です。

資金繰り難になった中小企業は、経営の考え方を変えることが必要です。しかし、経営者の根本的な性格まで変える必要はありません。簡単にマインドコントロールすることはできませんし、する必要もないのです。**自分らしさ、自分の会社らしさを活かしながら、悪いところは直視して、優先順位を決めて、改善していけばよいのです。**

本書では、金融円滑化法をはじめとする関連情報はさることながら、会社の経営に関わるあなたが、すぐにでも使える金融機関との付き合い方や融資の交渉方法、融資を得るための経営計画書の考え方などについて配慮して書きました。

金融機関で融資を担当していた経験から、できるだけ具体的な話も盛り込んでいます。

あなたは今、まさに会社を復活するための「チャンス」を手にしているのです。

２０１３年１月

小泉昌克

第3章 金融機関に融資の交渉、返済の延長交渉を行う

第4章 金融機関が融資したくなる、経営改善計画書の書き方

第5章 自力で資金繰りをよくしていく！ 資金繰り表の作り方

第6章 あなたはどのタイプ？ 資金繰りに苦しむ社長の傾向と対策

第1章

あなたの会社はあとどれだけ生き延びることができるか!?

1 中小企業の〝最後の砦〟金融円滑化法が打ち切られると……

経営改善計画書未提出の企業はブラックリスト行き

2013年3月末、いよいよ金融円滑化法が打ち切りとなります。同法によって返済を猶予してもらっている企業の中には、次の返済猶予を受けられない企業も出てくることでしょう。特に経営改善計画書をいまだに提出していない企業に対し金融機関はもはやこれ以上、返済猶予に応じないでしょう。

返済猶予を認めてもらったとき、金融機関の担当者はこう言っていたはずです。

「早めに経営改善計画書を出してください」と。

確かに、金融庁が金融機関の健全性を検査するマニュアルである『金融検査マニュアル別冊（中小企業融資編）』には、このように書いてあります。

「債務者が実現可能性の高い抜本的な経営再建計画を策定していない場合であっても、債務者が中小企業であって、かつ、貸出条件の変更を行った日から最長1年以内に当該経営再建計画を策定する見込みがあるときには、当該債務者に対する貸出金は当該貸出条件の変更を行った日から最長1年間は貸出条件緩和債権には該当しないものと判断して差し支えないとされていることに留意する」

回りくどい言い方ですが、わかりましたか？

簡単に言うと、「本来であれば返済できないものは不良債権になりますが、経営改善計画書を1年以内に出すことを条件に、正常債権として扱ってもよい」ということです。金融機関は、金融庁からの指示により、不良債権に合わせた貸倒引当金を積み増す必要がないということを条件に返済猶予を容認するよう求められ、それを実行してきたのです。しかし、金融円滑化法の打ち切りが決まった今、状況は変わり始めています。

そもそも、金融検査マニュアル別冊に書いてある、「最長1年以内」に提出すれば返済猶予が受けられる、というところに問題がありました。しかし実際金融機関は、早急に経営改善計画書の提出を求めています。それにもかかわらず、経営改善計画書を提出しない企業、いい加減な計画書を提出している企業は少なくないのです。

このような企業が、2013年3月末に迎える金融円滑化法の打ち切りにより、返済猶予の延長を断られようとしているのです。まさにブラックリスト行きです。そこにあなたの会社が巻き込まれてはいけません。

10社のうち3社だけが生き残る理由

もしかすると今、必死で経営改善計画書を作成している企業もあるかもしれません。しかし、多くの企業が四苦八苦しているのではないでしょうか。それは、普段から会社の道しるべとなる「計画書」というものを作る習慣がないため、いきなり「経営改善計画書を提出してください」と言われてもうまく作成できないからです。その結果、つじつまが合わなかったり、説得力のない計画書ができあがってしまうのです。

実際、しっかりした経営改善計画書を作成している企業は全体のせいぜい２～３割と言われています。一方、未提出の企業も２～３割。残りの４～５割は簡易な計画書を提出してその場をしのいでいます。しかし今後は、簡易な計画書では、金融機関を説得して、返済猶予を続けることは難しいでしょう。金融機関は金融円滑化法打ち切り後、さらに厳しい目で返済猶予先を見ることになるのです。

金融機関があなたの会社を相手にしなくなる

それでは、経営改善計画書の目標達成率がどのくらいであれば、金融機関は継続して応援してくれるのでしょうか？　私のこれまでの経験から考えても、**達成率は80％以上は必要です。**では、80％に達していない会社はどうなるのでしょうか？

金融機関としては、今後その会社が良くなる可能性が高いのか、悪くなる可能性が高いのか、細かなチェックを行うでしょう。その上で、再度、経営改善計画書の作成を要請することになるでしょう。

つまり、達成率が80％未満になれば、その返済猶予企業に対してより現実的で具体的な改善計画を求めていくということになります。

また、財務的改善（定量面）のチェックはもちろん、経営者としての資質（定性面）もその対象になります。今回の金融円滑化法打ち切りに伴い、『金融検査マニュアル別冊（中小企業融資編）』の中でも、財務状況のみならず、経営者の資質や技術力などを踏まえて経営実態を判断するよう求めています。これは財務基盤の弱い中小企業を定性的な面も見て判断するように、ということですから、中小企業にとって悪いことではありません。

しかし経営者の資質に問題があるとひとたまりもありません。一度「ダメ社長」の烙印を押されると、そう簡単には信頼を回復できないからです。さらに、非現実的な計画書を提出し、実現不可能なことが発覚してしまえば「財務もダメ」と判断されてしまいます。

金融円滑化法によって返済猶予企業を多く抱える金融機関には、このようなダメ会社の相手をしている余裕はありません。

金融機関が返済猶予にやむなく応じてきた本当の理由

金融機関への返済猶予が通る確率は、今や90％以上です。

通常、金融機関が行う条件変更は元本返済をしない、あるいは減額して支払うパターンが大半です。これを**「返済猶予」**と言います。

この**金融円滑化法による返済猶予は、金融機関にとっては努力義務です。**つまり、「中小企業から返済猶予の依頼があったら、そうするように努めてください」ということであって、金融機関は無理して条件変更する必要はないのです。

では、なぜ金融機関は、返済猶予を行ったのでしょうか。それは、条件変更の状況を金融庁に定期的に報告する義務があったからです。これは努力義務ではなく、**義務**です。この数値が低いと、金融機関は金融庁から指導を受けてしまいます。さらにその実施状況を開示する義務もあります。特に地域金融機関のような地域密着型の金融機関は、対応が悪いと利用者の口コミであっという間に伝わってしまいます。そうならないためにも、極力返済猶予には応じてきました。結局、フタを開けてみると、返済猶予をした金融機関の実に8割が、地域金融機関だったのです。

「金融円滑化法が終わっても、返済猶予は受けられる」のウソ

では、どの企業でも経営改善計画書を作成すれば、返済猶予の延長は受けられるのでしょうか？　答えは残念ながら「ノー」です。**改善見込みがなければ、返済猶予の延長は受けられない可能性があります。**中小企業再生支援協議会の基本要領などにも書いてありますが、**「5年以内に実質的な債務超過を解消できない会社」や「3年以内に経常利益を黒字に転換できない会社」が、改善見込みのない企業としてみなされる**と考えておいてください。

そもそも、金融機関は金融円滑化法をどんな風に捉えているのでしょうか。

中には「悪法」と捉えている金融機関もあるでしょう。返済猶予を受けている中小企業

は、金融機関から融資が受けられず、資金繰りもうまくいかないから返済猶予を受けているのです。これまでは金融機関も、金融庁からのお達しでやむなく返済猶予を行ってきましたが、これ以上返済猶予を行っていたら、そのお金が返ってこない可能性が高まります。金融円滑化法という特別な法律によって、本来であれば破綻懸念先に分類される中小企業でさえ返済猶予の対象になったわけですから、金融機関としてはこれ以上破綻の可能性のある企業には約定（通常）返済を促していく、というのが本音でしょう。

返済猶予先企業でも、選別が始まった

金融機関は、返済猶予先企業をおおよそ次のように分けています。

①支援する先……経営改善が計画通り進んできた先
②緊急に対応する先……経営改善が遅れており、何らかのてこ入れが必要な先
③支援しない先……経営改善が進んでおらず、支援を行っても回復の見通しが立たない先

金融機関によって用語や分け方は異なりますが、大きくこの3つの区分に分けられます。この3つの分け方は、以下の達成率に基づいていると考えてください。

A　経営改善計画書達成率80％以上……支援する先

B　50％以上80％未満……緊急に対応する先

C　50％未満……支援しない先

Cの「支援しない先」に区分された場合、今までは金融円滑化法により返済猶予を受け付けていましたが、同法打ち切り後、金融機関は回収方針に転換していくと考えられます。預金があれば借入金額との相殺、不動産担保の売却・競売、資産差し押さえも考えられます。サービサー（債権回収会社）への売却もあると考えておいてください。

金融円滑化法打ち切りに伴って、金融機関による選別が始まったのです。

2　返済状況変更！倒産する企業が続々と増えている

中小企業の10社に1社が条件変更を行っている

そもそも金融円滑化法で救われていた中小企業はどのくらいあったのでしょうか。帝国データバンクによると、実に**約40万社と言われています。全国には中小企業がおよそ４０0万社ありますので、その１割が条件変更したことになります。**

図1をご覧ください。ここ数年、全体の倒産件数は減少傾向です。一方、金融円滑化法に基づいて返済猶予などをした後に倒産した件数は、徐々に増加してきています。２０１

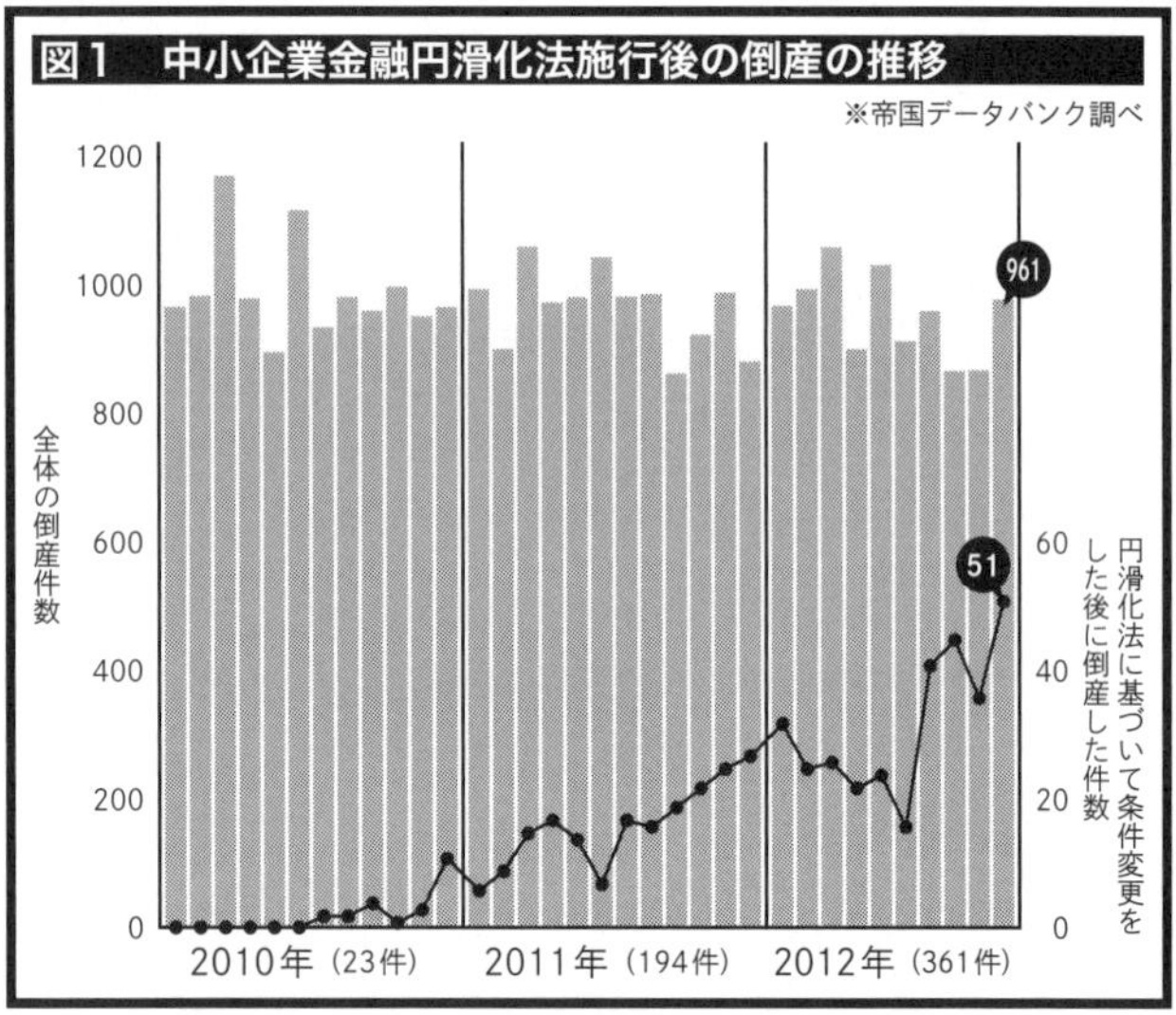

図1　中小企業金融円滑化法施行後の倒産の推移
※帝国データバンク調べ

1年の返済猶予後の倒産が194件でしたが、2012年は300件を超えるものとみられています。果たして2013年はどうなるのでしょうか。

企業間競争の中で伸びる企業と淘汰される企業が生じることは当たり前で、それが通常です。ところがここ数年、金融円滑化法という延命措置により、本来自然淘汰されるはずだった企業が生き残りました。そのため、同法の打ち切りに伴い、この「倒産予備軍」が、次々と倒産していくのではないかと懸念されています。一気に倒産する企業が増えれば、その影響は計り知れません。

返済猶予は、本来は本当に経営努力をしている企業や経営努力できる企業に対して行うべきでした。返済猶予ありきの金融円滑化法は、問題を単に先送りするためだけというリスクを秘めていたのです。

金融機関が金融円滑化法打ち切りに向けて動き始めた

まさに「金融円滑化法クライシス」の過渡期にある今、２０１３年の倒産件数はさらに増えると予想されますが、その予兆は、すでに始まっています。実際、条件変更先の倒産件数が増加した要因の１つに大手金融機関が企業の仕分けを開始したことが挙げられています。「支援しない先」に仕分けされた企業に対し、条件変更の延長を拒否しているケースが出始めているのです。

今後、金融円滑化法の打ち切りに伴い、大手金融機関を中心に、不良債権処理として条件変更を拒否するケースは増えていくでしょう。条件変更をしたのに経営改善が思うように進んでいない中小企業は戦々恐々としています。また、中小企業の融資先を多く抱える地域金融機関はどのように対応するのか、厳しい判断が迫られています。

安易な「条件変更」の落とし穴

毎月の返済額が200万円あるとしましょう。資金繰りの改善を行うことで返済がゼロになれば、年間2400万円は支払わなくて済みます。ですからある意味、年間2400万円の融資を受けているのと変わりません。

ただ、忘れてはならないのは、ひとたび返済猶予を受けると、基本的に新規の融資は受けられないということです。突発的に1000万円が必要になったとしても、金融機関はお金を貸しません。ですから、本来返済猶予は、もうこれ以上金融機関から借りる手段がない、返済猶予しなければ倒産してしまう、というときの最後の手段として活用するべきなのです。その最後の手段を使った中小企業は約40万社あります。愕然としませんか?

そしてもう1つ、忘れてはならないのは、**返済猶予はあくまで延命措置であり、いずれ返済しなければいけないということです。金融機関が債権放棄をするわけではありません。**

返済猶予を受けている企業は、金融機関から受け取った借入返済明細書を見てみてください。基本的に最終返済期日は変わっていないと思います。ということは、**返済を猶予した期間分の支払いは、残りの期間に足されて「増額返済」となります。**返済を猶予した期間、返済金額がそのままで、返済最終期日もその分延びるということではありません。

もちろん、改めて返済猶予を依頼することや返済期日を延長することができないわけではありません。ただし、そのためには、**経営改善計画書通りに実績をあげることが大前提です。**さらに、金融円滑化法によって条件変更先の数は膨れ上がっていますから、金融機関はこれまで以上に厳しい目を向けてくることをお忘れなく。

3 金融円滑化法の出口戦略は中小企業には使えない

出口戦略は、金融円滑化法打ち切りの大義名分

２０１１年12月に金融円滑化法の打ち切りが発表されてから早くも1年がたちました。しかし、お世辞にも中小企業の資金繰りが改善しているとは言えません。そこで金融庁は、それに対する対応策として、「出口戦略」を打ち出しました。打ち切り後の混乱を防ぐため、私たちがサポートしますよ、というものです。

①金融機関によるコンサルティング機能の一層の発揮
②企業再生支援機構及び中小企業再生支援協議会の機能及び連携の強化
③その他経営改善・事業再生支援の環境整備
（平成24年金融庁『中小企業の経営支援のための政策パッケージ』より）

しかし、残念ながらこの戦略は、中小企業には使えません。

①の「金融機関によるコンサルティング」は、金融機関で働いていた立場から申し上げて、まず無理と言って差し支えないでしょう。そもそも経営改善へと導くためには、少なくとも半年から数年かけて行動していかなければなりません。それでなくても膨大な仕事を任されている金融機関の担当者に、資金繰りを改善させるというパワーのかかる仕事を付加することは現実的ではありません。また、経営改善のためには、何よりも「経験」が必要です。

金融機関は「融資すること」が専門であって、経営改善のコンサルティングが専門ではありません。専門部署を設けて対応する方法も考えられますが、何千、何万という中小企業を積極的かつ長期的にコンサルティングしていくことは至難の業です。コストや教育の面から考えても、そこに多くの人員を割くことができないのが金融機関の現状です。

では、どうするか。私は企業再生を専門にしたコンサルタントを活用することをおすすめします。本気で企業再生を考えている人には、再生の引き出しを多く持つ専門家に相談することが一番の近道だと思うのです。

②の企業再生支援機構（以下、機構）や中小企業再生支援協議会（以下、協議会）も企業の再生支援を行っています。しかし、残念ながら中小零細企業の再生支援は期待できません。なぜなら、機構を活用するには「有用な経営資源を有していること」という条件があるからです。「有用な経営資源」とは、独自の生産設備や特許技術など、他社に売却できるようなものです。他社が欲しがるようなものでなければいけません。中小零細企業でそのような経営資源を持っている企業は少ないのが現状です。

また、協議会についてですが、対応目標数が3000件と決まっています。思い出してください。条件変更を受けている企業数は約40万社です。つまり、**年間0・75％の企業しか協議会を活用できないことになります。100社に1社もないのです。**これでは、自力で再生する方が、確率が高いでしょう。

ちなみに２０１１年以前は10分の１、つまり年間３００件でした。それが10倍の３０００件になったわけですが、中小企業庁の発表によると、２０１２年度上半期に全国の協議会が行った事業再生計画の策定支援件数は、１０５１件。下半期が同数だとしても、目標の３０００件には及ばない見通しです（２０１２年12月現在）。さらに、これはダメ押しですが、支援を受けるためには、機構も協議会も、ある程度の企業規模を前提としています。中小零細企業のほとんどが、出口戦略の蚊帳の外なのです。

③の「その他経営改善・事業再生支援の環境整備」とは、中小企業支援ネットワークを構築して、金融機関、事業再生の専門家や弁護士、税理士、公認会計士などが中小企業をしっかりサポートしていこう、ということです。これは私もそうですが、中小企業を支援している人間であれば、改めてこのようなことを言われずとも、現にネットワークを活用してサポートを行っています。

ほかにも、地域金融機関と中小企業基盤整備機構が連携して、出資や債権買取りの機能を持つ事業再生ファンドの設立を促進しよう、というものがありますが、中規模企業向けのファンドであって、財務基盤の弱い中小零細企業を相手にしているとは思えません。

結局、金融円滑化法とその出口戦略は誰のためだったのでしょうか?

確かに、この法律によって、返済猶予を行った企業は一定期間、資金繰りが楽になったのは事実です。金融機関(特に地域金融機関)も改めて中小企業への対応を考えさせられたはずです。金融庁や政府も、中小企業をサポートするには単純に仕組みをつくるだけでは解決しないことがわかったと思います。それぞれがこの金融円滑化法を教訓に、よりよい体制を築く時期にきているのではないでしょうか。

「支援先」に選ばれるために行うこと

出口戦略が中小企業にとって使えない理由を理解していただけましたか。では、これからも金融機関に支援される企業であり続けるために、また、決して「支援しない先」に選ばれないようにするためには何をすべきなのでしょうか?

(1) 経営改善計画書を作成し、〝すぐに〟提出する

当たり前のことですが、金融円滑化法は短期間倒産を回避するのが目的でつくられたわけではありません。会社の立て直しのために与えられたチャンスであり、そのための「猶予」なのです。経営改善計画書を作成しないということは、「立ち直らせたい」という意欲がない企業とみなされても仕方がありません。

提出するスピードも、早ければ早いほど功を奏します。先ほどお伝えした通り、金融機関では、中小企業を「支援する先」「緊急に対応する先」「支援しない先」の３つに分けています。「支援しない先」になっている企業は、計画書を提出し、実行することでしか「支援する先」に昇格することはできません。１日でも早く経営改善計画書を提出してください。金融機関から提出を求められるうちが〝花〟です。金融機関からまったく連絡が来なくなったら、それは「支援しない先」に区分されていると考えたほうがいいでしょう。

(2) 実現性の高い経営改善計画書を作成する

実現性の高い、練り込まれた経営改善計画書を作成しているのは、全体の20～30％と言

われています。その20～30％に入ってください。そして、これまで計画書に書いた内容が実現できなかったのだとしたら、その原因をしっかり説明し、金融機関が抱く疑念を少しでも払拭してください。

（3）定期的に金融機関を訪問する

1カ月に1回、少なくても3カ月に1回は金融機関を訪問し、進捗状況を報告しましょう。金融機関の担当者は、先ほどもお伝えした通り、その企業が改善する意欲があるのかどうかを見ています。

企業が生き延びるうえで裏ワザなどありません。愚直に目標を達成することが、一番の近道なのです。

第2章

金融円滑化法打ち切りで大きく変わる、金融機関との付き合い方

1 「先代からの付き合いでなんとか…」はもはや通用しない

融資は「格付け」で決まる

会社が創業30年、40年となっていくと、その間に培われた地域金融機関と古くからのしがらみができます。もちろん時代が良かったこともありますが、企業も金融機関もそのしがらみをもとに、融資や預金をお願いし合いながら、持ちつ持たれつの関係を作ってきました。

しかし、そんな関係も昔の話。今は「先代からの付き合い」があるからと言って、融資をしてくれるわけではありません。社長の口から、「昔はもっと親密な関係だった」「昔の支店長は太っ腹だった」という声がよく聞こえるようになりました。

確かに、昔の支店長とは親密だったかもしれません。しかし、今は昔ほど自由のきかない世の中、親密さもなくなるというもの。

特に金融機関はお金を扱っているだけに、取引先とのなれ合いはリスクが大きくなりますから、距離感を持って対応しなければいけないという意識があります。

実際、みなさんが取引している金融機関も支店長が2年くらいで代わっていませんか？それは、取引先とのなれ合いを防止するためにあえて転勤をさせているからなのです。

では、実際に融資は何で決まるのでしょうか。それは**「格付け」**です。融資がおりるのも、金利を決めるのも、この「格付け」がポイントになります。

売上が増えても、借入ができない！

実際にあったA社での話です。

この会社は一時期資金繰りが悪化し、返済猶予を行っていました。しかし、その後、業績は回復。若干の遅れはあるものの、確実に返済を進めていました。次年度は売上が40%アップになりそうです。次々年度も50%アップを予想していました。なんとか苦しい時期を乗り越え、ようやく明るい兆しが見えてきました。

売上が上がった結果、仕入が先行するので、資金調達が必要になりました。しかし、金融機関は融資に前向きではありません。なぜなら、金融機関は、売上が急激に上がっている会社に対して、融資に慎重になるからです。加えて、この会社は返済猶予中でした。

投資会社は急激な成長を歓迎しますが、金融機関は急激な成長を望みません。ハイリスクを嫌い、ローリスク、つまり「安全性」を求めるからです。ここに、キャピタルゲイン(債権や株式など、資産価値の上昇による売却利益)によってハイリターンを求める投資会社との違いがあります。

特に返済猶予を受けている企業に対して、金融機関は注意深く対応します。

今まで資金繰りがうまくいかなくて返済猶予をしていた企業が、売上が急激に上がったときにちゃんと資金繰りを管理できるのか、金融機関は不安です。仮に返済猶予から約定

図2　金融機関が急激な成長を警戒する理由

〈売上が上がれば…〉

▼売掛金が増える
▼「回収できない売掛金」が増える可能性がある
▼回収できなければ売掛金は現金にはならない
▼資金繰りが悪化するため

〈売上が増えれば…〉

▼在庫を増やす
▼その後売上が上がらなければ「不良在庫」になる
▼売れなければ商品は現金にならない
▼資金繰りが悪化するため

返済に戻ったとしても、少なくとも半年間は融資をしたがりません。さらにこれ以上借入総額が増えるのも、融資がなかなか決まらない理由です。ある金額までであれば支店長決裁（たとえば1億円までとか）ですが、それ以上は本部決裁です。特に、返済猶予先であれば、なかなか融資審査はおりません。

「格付け」の面から見ても、借入が増えることは格付けが下がる要素の1つです。融資がなかなか決まらないのは、このような理由からです。

さて、このA社ですが、金融機関に新規融資を申し込んだところ、こう言われました。「次の決算まで様子を見たいのですが」

そうは言ってもお金が必要です。

さて、このA社の社長はどのような対応をしたと思いますか？

①逆ギレした！

②あきらめた！

③泣きついた！

④浮気した！

（注意）これはあくまでも金融機関への対応方法であって、彼氏（彼女）に別れを告げられたときの対応方法ではありません。

正解は、「①逆ギレした！」です。どうしてそうなってしまったのでしょうか。

社長は生き残るために必死でした。ようやく業績も上がってきているのに理解を示さず、融資をしてくれない金融機関にキレてしまったのです。その後結局、金融機関の支店長が参加し、「そんな態度では、ご支援できません」と一喝されてしまったのです。

企業と金融機関では、立場が違えば考え方も違います。企業と金融機関は、借りる側と貸す側ですから利害が対立するのです。話はかみ合わなくて当たり前ということを前提にしないから、キレてしまうのです。企業は常に代替案を用意しておく必要があります。

では、その後Ａ社の社長はどうなったかというと……、今も倒産することなく頑張っています。それは代替案を実行したからです。その内容は後半でご説明しましょう。それでは残りを見てみましょう。

「②あきらめた！」

今回の事例の場合、業績が上がっているので、あきらめることはないですが、先行きが見通せない状態の企業であれば、あえて返済猶予による延命をせずに倒産を選ぶという選択肢もあります。これ以上続けても傷口が広がるだけならば、倒産したほうがよいだろうという判断です。これが賢明なのかどうかは、内情がわからないので何とも言えませんが、もうこれ以上続けていても、負債ばかりが膨れ上がり、取引先に支払いができない。支払額が膨らんでいけば、その取引先も未回収金額が大きくなるわけです。被害を最小限にするためにも、早いところ見切りをつけてしまうことは考えられます。社長が高齢で倒産後は年金暮らしをするのであれば、充分生活できます。

中小企業の社長は融資の連帯保証人になっていることが普通ですが、年金については、差し押さえられることはありません。ですから倒産してもつつましく生活はできるのです。ただ、仕事に未練があり、継続していきたいと思っているならば、私は社長単独で決めるのではなく、専門家に相談して存続の道を模索してみることが、経営者としての責任ではないかと思います。

「③泣きついた！」

実はこれ、意外と多いのです。最初にご紹介した「先代からのお付き合い」は、まさに泣きついているのと同じです。昔のことを引き合いに出して、泣きついているのです。しかし、それでは何も解決しません。特に過去と比較されることを金融機関は嫌がります。金融機関にお願いするということは、企業の立場が金融機関より低くなるということです。

金融機関とは対等の立場でいなければなりません。異質な取引先ではありますが、取引先の1つであることは変わりません。「金利」という手数料を支払って、お金を買っているのだ、というくらいの気持ちでなければいけません。

「情」で融資がおりる時代は終わりました。泣きつけば、いつでも融資が出るのであれば、私もいくらでも泣きつきます。そしてこう言えばいいのですから。

「同情するなら、金をくれ！」と。

「④浮気した！」

ここで言う「浮気」とは、他の金融機関に融資の依頼をしたということです。ここで大事なことは、複数の金融機関と取引しておくことです。そうすれば、メインバンクから融資がおりなくても、サブバンクから融資がおりることがあります。

さて、先ほど支店長に一喝されたA社の社長はその後どうしたのでしょうか？　実はこの「④浮気した！」を使ったのですが、大きな問題がありました。実際にお付き合いしている金融機関は1つしかなかったのです。違和感なく融資を申し込める金融機関を探さなくてはいけません。そんな中、すぐに実行できる方法がありました。それは「融資の飛び込み営業」です。そのとき対応していたのが社長だったので、早速連絡をしてみました。

この場合、金融機関側からお願いをしに来た経緯があるわけですから、こちらも電話をしやすいわけです。社長はこう話しました。

「今融資を受けたいと思っているのですが、この前来ていただいたのでお声がけしました」

このように言えば、お願い融資ではなくなります。立場はグッと上になります。最終的に、1000万円の融資を受けることができました。

実はこの話には続きがあります。融資は、最終的にメインバンクが行ったのです！

（細かくお伝えすると、新たな融資を受け、その一部を今までの融資の全額返済に充てたという形です）

社長はメインバンクにこう伝えたのです。

「他の銀行で融資がおりそうです」と。

その後、金融機関といろいろやり取りをしたのち、メインバンクが「うちでやります」

図３　預金するときのコツ

コツ１

預金は一括ではなく、「分割で」行う

例）300万円の場合、100万円×３回を１ヵ月物、３ヵ月物、５ヵ月物の期日指定定期預金で行う
→予期せぬ出費に備え、引き出しやすい状況を作るため

コツ２

自動継続にしない

→何もしないまま定期預金が更新されてしまうのを防ぐ
→期日に金融機関担当者といつ頃融資が必要か話し合う

と方向転換。それまで面倒を見てきて、他の銀行にすべて借換えされてしまう不測の事態を避けたのです。元のサヤにおさまりました。

しかし社長は、新規の金融機関にもきちんと３００万円ほど定期預金をしました。確かに融資案件をとれなかったのは、新規の金融機関にとっては痛いことですが、新規の法人の取引先が１件増えたわけですから、それはそれで丸く収まります。

ちなみによく、金融機関に定期預金をしてはいけないと言われています。金融機関は融資をした企業に対し定期預金をさせることで、預金担保にならないにしても、企

業が解約しにくい状態になります。さらに実効金利※も上がります。だから定期預金をしてはいけない、と。

間違ってはいないと思いますが、この場合、新規の銀行に融資もありませんし、お付き合いをしておくべきです。

ここでノウハウをもう１つ。

預金する際、３００万円は一括で定期預金にするのではなく、分割して行ってください。この場合だと１００万円を３本です。それをたとえば１カ月物、３カ月物、５カ月物の**期日指定定期預金**にします。企業では予期せぬ出費はつきものですから、引き出しやすい形にしておきましょう。

そして、**自動継続にしないこと。**自動継続にしてしまうと、何もしないまま定期預金が更新されてしまいます。自動継続を選ばないようにしておけば、更新手続きをとらなければいけません。期日が近づくと金融機関の担当者が会社に来るわけです。そうすることで、お互いが情報を交換し、金融機関にいつ頃融資が必要だということを違和感なく話ができます。単純ですが、効果的な方法です。

ですから、「お付き合い定期預金」は、場合によってはすることをおすすめします。要はどう活用するか、です。

ちなみに金融機関で働いていた立場で申し上げると、「融資の飛び込み営業」といっても、一軒一軒飛び込んでいるわけではありません。飛び込み先はきちんと選んでいます。帝国データバンクから決算情報を取り寄せ、その情報に基づいて訪問しているのです。

こうしてＡ社の社長は無事この難局を乗り切りました。社長は、今回の件でメインバンクとの関係を冷静に見つめ直すことにするとも言っていました。

新規の金融機関の飛び込み営業には、受付で拒むのではなく、必ず会っておいてください。その名刺が時には命綱になるのです。備えあれば、憂いなし。

※実効金利とは

実効金利とは、金融機関に歩積み預金や両建て預金といった拘束性預金をさせられた場合に借り手が負担する、実質的な金利のことです。

（支払金利－受取利息）÷（借入金－拘束預金）×１００で求めます。

たとえば、借入金1000万円（金利5％）、定期預金500万円（金利1％）としま
す。借入金の表面金利は5％ですが、実は
（50万円－5万円）÷（1000万円－500万円）×100＝9％
となります。
実際は9％で借入しているのと変わらないということになるのです。
拘束預金が増えれば増えるほど、実効金利は上がっていきます。ですので、こういった
お付き合い預金はすべきではありません。

2 銀行は、あなたの会社のココを見ている！

金融円滑化法が金融機関を「鬼」にした

今回の金融円滑化法の打ち切りで、金融機関は厳しい選択をとらざるを得なくなりました。40万社近くが返済を止めていると言われているのですから、普通で言えば「不良債権」です。とりあえず「正常債権でよい」ということは、金融円滑化法によって世間一般にも知られることとなりましたが、それは貸倒引当金の設定を低くしていいということだけで、返済していない状態で会社が倒産してしまえば、「不良債権」です。できるだけ早く返済を進めていきたいのが、金融機関の本音です。

言葉尻だけ正常債権と言われても、実質は不良債権。金融機関は、そんな状態に目をつぶることはできません。返済猶予先も、それを肝に銘じておかなければなりません。

それでは、金融機関は会社のどこを見ているのでしょうか。返済猶予先であろうとなかろうと、会社は次の基準で会社を判断しています。それは**「格付け」**です。

債務者区分とは?

第1章でもお伝えした正常債権と不良債権をもう少し詳しく見てみます。

金融機関は「自己査定」といって、毎年2回、融資先を5段階に分けます。それが「債務者区分による区分け」です。

分け方は**正常先、要注意先（広義）、破綻懸念先、実質破綻先、破綻先**の5つです。

そして、**要注意先（広義）は、要注意先（狭義）と要管理先の**2つに分けられます。正常債権は、正常先と要注意先（狭義）のことを言い、不良債権は、要管理先、破綻懸念先、

図４　債務者区分による区分け

❶**正常先**…業績良好。財務内容は問題なし

❷**要注意先**｛**要注意先**…業況低調、不安定など
要管理先…３ヵ月以上の延滞をしているなど

❸**破綻懸念先**…業績良好。財務内容は問題なし

❹**実質破綻先**…法的・形式的には破綻していないが、実質破綻している

❺**破綻先**…法的・形式的に破綻している

実質破綻先、破綻先です。これは金融庁から出されている「金融検査マニュアル」で決まっているものです。

融資ができるかどうかという観点から見ていくと、**図４**のようになります。

融資を受けたいのであれば、企業は最悪でも要注意先（狭義）として認められなければなりません。

要注意先（狭義）までに入らないと融資が受けにくいということは、**図４**の内容を見れば、理解していただけるのではないでしょうか。

「格付け」の仕組みを学ぼう

みなさん、「格付け」と言うと何を思い出しますか。今はS&P（スタンダード&プアーズ）に代表される「格付け会社」というものがあり、国や国債の安全性（危険性）を格付けしています。ギリシャからはじまった欧州危機も、この格付会社による格付けが大きな影響を与えています。

ブータンが幸せの国として話題になりましたが、国の幸せ度や県の幸せ度なども独自の指標で格付けしていますよね。同様に、**金融機関も融資先を格付けしているのです。**

金融機関によって格付けの仕方は異なりますが、大まかに10～16段階に分けています。

格付け情報を融資先に見せることは決してありません。しかし、新たな融資を組んだとき、前回と同じ金額、同じ期間なのに金利だけが上げられたり、折り返しの融資を依頼したのにそれは厳しいと言われたりした場合は、格付けが下がっている可能性があります。

では、その「格付け」とはどんなものなのでしょうか。

「債務者区分」と「格付け」の違い

その前に、債務者区分と格付けの違いを見てみましょう。

「債務者区分」は、金融庁が金融機関に対して融資先を判定するために設けた区分です。「格付け」は、「債務者区分」をさらに細分化した区分であり、各金融機関が実態に基づく情報をもとに独自に設けたものです。金融機関は、この「格付け」と「債務者区分」の両方に基づいて、企業の通信簿を細かくつけているのです。

格付けのイメージ

格付けは、10段階と12段階だとすると、**図5**のようになります。

区分が10であれ、12であれ、**問題なく融資を受け続けるためには何としても「正常先」に入ることが必須です。**

図5　金融機関による格付けのイメージ

〈10区分の場合〉

格付	
1〜6	…正常先
7	…要注意先
8	…要管理先
9	…破綻懸念先
10	…実質破綻先・破綻先

〈12区分の場合〉

格付	
1〜6	…正常先
7〜8	…要注意先
9	…要管理先
10	…破綻懸念先
11	…実質破綻先
12	…破綻先

※問題なく融資を受け続けるためには、格付け１〜６の「正常先」に入ることが欠かせない！

では、どのようにすれば会社を確実に「正常先」とすることができるのでしょうか。具体的な方法や事例をご紹介します。

定量要因：定性要因＝８：２

そもそも、格付けを決めるうえで金融機関は何を参考にするのでしょうか？　それは「定量要因」と「定性要因」です。

定量要因……数値に表わせる要因
定性要因……数値に表わせない要因

企業で言えば、**決算書や試算表などの数字で表せるものが「定量要因」、経営者の資質や販売力・技術力のように数字で表わしにくいものが「定性要因」です**（図６参照）。金融庁発行の『金融検査マニュアル（中小企業融資編）』には、「中小企業を評価するときは、

図6　定量要因と定性要因

定量要因とは…

数値に表せる要因。
決算書や試算表などの数字で表せるもの。

都市銀行は定量要因を重視する傾向にある。

定性要因とは…

数値に表せない要因。
経営者の資質や、販売力・技術力など。

地域金融機関は定性要因を重視する傾向にある。

定量的な面だけでなく、定性的な面を見るように」と書いてあります。そうは言っても、都市銀行などの大手銀行は、圧倒的に定量要因を重視します。業績がよければ問題ありませんが、ひとたび業績が悪くなると引き際も早いので、ご注意ください。評価の比率としては、**定量要因を8割、定性要因を2割と考えておくとよいでしょう。**

確実に融資してもらうためにも、中小企業の経営者はより「定性要因」に重きを置いた地域金融機関とのお付き合いを大事にしてください。

次世代社長の仕事ぶりが金融機関の心を動かす

先ほどもお伝えしましたが、「定性要因」は経営者の資質や販売力・技術力など、数値には表せない要因です。具体的な事例を見るとわかりますが、「定性要因」を重視した興味深い事例があります。金融庁発行の『知ってナットク！　中小企業の資金調達に役立つ金融検査の知識（事例集）』です。定性要因である、技術力、販売力や社長の資質などの事例を「検査官　金融検太郎氏」が解説してくれています。誰が説明しているかはともかく、２つの事例をご紹介しましょう。

①「販売力」を評価した事例

事例：老舗漬物店

マイナス要因：

- 大幅な債務超過（保証した同業者の保証債務履行のため）

● 3期連続赤字（出店していた百貨店の倒産）

プラス要因：

● 百貨店での販売実績が高く、全国各地にファンを持っている

● インターネットによる通信販売が好調で、今期黒字が見込まれる

よって、「破綻懸念先」↓「要管理先」へランクアップ

黒字が見込まれるという定量要因が若干入ってはいるものの、それも予測にすぎず、定性要因を重視して、債務者区分をランクアップさせたという事例です。

「販売力」「信用力」「顧客の認知度」「マイナス要因の内容」を考慮した事例です。

② 「経営者の資質」を評価した事例

事例：トラック運送業者

マイナス要因：

● 代表者の健康状態が思わしくなく、大幅な減収・減益

- 返済は半年前より1～2カ月分延滞

プラス要因：

- 丁寧な仕事で、一定の売上、利益を確保
- 代表者の復帰の意思も強く、会社の健康状態も回復傾向
- 代表者の長男が後継者として事業に励行

よって、「破綻懸念先」→「要管理先」へランクアップ

経営者の資質という面もありますが、**仕事熱心な後継者がいることで、減収減益に歯止めがかかりそうだと判断されたことが、格付けをアップできた大きな要因でしょう。**「経営者の性格」「後継者の存在」「事業継続の可能性」を考慮した事例です。企業にとっては、直近の財務改善以外にもまだまだやることがあると実感していただけるのではないでしょうか。これは融資先のメリットだけではなく、金融機関としても大事な指標となっています。それは貸倒引当金の計上に表れます。この事例でいうと、「破綻懸念先」だと70％程度引当金を積む必要がありますが、「要管理先」であれば15％程度しか積む必要がありま

せん。

この事例は、『金融検査マニュアル（中小企業融資編）検証ポイントに関する運用例』にも記載されています。一度読むことで、「うちの会社ももう少し頑張ろう！」という気持ちになれるのではないでしょうか。

定量要因は3つ覚えればOK

「定量要因」は主に、**安全性、収益性、返済能力、の3つ**です。
その中にはいろいろな指標がありますが、次の3つの指標があれば十分です。
安全性は「自己資本比率」
収益性は「経常利益率」
返済能力は「債務償還年数」
「なぜ、金融機関が融資してくれないのか？」「どの指標が高まれば融資されやすくなるのか？」と疑問に思っている中小企業は、この3つの要因を高めることを目標に置いてください。

債務超過は絶対だめ

自己資本比率（％）＝純資産合計÷総資産合計×１００

負債が純資産を上回ってしまうことを債務超過と言いますが、それは、自己資本比率がマイナスになったことと同じ意味です。債務超過＝自己資本比率のマイナスなのです。ちなみに、中小企業の平均値は、30％が妥当なラインです。もちろん業種によって自己資本比率の平均値は変わりますので、格付けも業種によって変わります。そこは念頭においてください。

自己資本比率は、決算書（貸借対照表）から簡単に計算できますね。

節税に走ってはいけない

経常利益率（％）＝経常利益÷売上高×１００

経常利益は、売上高から売上原価・販管費・利息などを差し引いた利益です。

ここでどのくらいの利益が出ているかを常に意識してください。もちろん売上も大事ですが、経常利益がどのくらい出ているかをしっかり見てみましょう。資金繰りが厳しくなる会社は、売上ばかりに目が奪われがちです。売上が大事であることは変わりませんが、「利益」に注目してください。特に営業が強い会社ほど売上至上主義になる傾向が高いので、利益を意識することが必要です。

中小企業の場合、経常利益率の平均値は3％くらいと言われています。しかし、最初からこの数字を気にする必要はありません。その前にしっかり経常利益を出す体質にしていきましょう。

節税を意識しすぎると、収益力の評価は下がります。会社の目標を忘れ、「税金を払いたくない」という気持ちが先に立って過度な節税に走ると、収益力がないとみなされますので、注意してください。節税と利益のバランスをしっかり取ることが大事です。

普通に決算を組めば安定した利益が出せるのに、毎期数万円だけ利益を出して節税している企業は、極端な節税です。このような決算を組むと、収益力のない会社とみなされてしまいます。何事もバランスよく！

経常利益率も決算書（損益計算書）から簡単に計算できます。

特に経常利益率は、毎月、試算表を出して、改善に役立ててください。

最も大事なのは、返済能力

安全性は自己資本比率、収益力は経常利益率という話はしました。しかし、金融機関が一番注視しているのは、３つ目の数字である**「返済能力」**です。

これは何も、返済猶予先に限ったことではありません。金融機関から融資を受けているすべての企業にとって大事な指標です。

「急に金融機関が新規の融資に難色を示し始めた」という心当たりのある企業は、特にこの返済能力が低下している可能性があります。

それでは、なぜ、金融機関は返済能力を一番重要視しているのでしょうか。

答えは簡単です。金融機関は、貸したお金を返してくれるかどうかを最も重視しているからです。ということで、安全性・収益性・返済能力の中で一番大事なのが、返済能力となるわけです。

返済能力はこれでわかる！

返済能力の指標となるのが、**「債務償還年数」**です。聞いたことがない人も多いでしょう。試算表を出しても、債務償還年数を出しているところは少ないと思います。

債務償還年数とは、「今ある借入金を何年で返せるか」という指標です。言い換えると、**借入金を、稼いだ現金で、何年で返せるのか**ということです。

つまり、これは実際に生み出されている「現金」を重視している指標といえます。

計算方法はいくつかありますが、次の方法が簡単で、一番計算しやすいと思います。

有利子負債÷（営業利益＋減価償却費）

「有利子負債」は、借入金（短期・長期）と社債だと考えてください。

返済能力は現金の有無で見るため、債務償還年数の計算では、現金が出ない費用である**「減価償却費」**をプラスしています。

債務償還年数は何年に収めればよいでしょうか。10年以下になれば、合格です。中小企業の場合でも、20年以下に収める努力をしてください。これ以上になってくると、返済そのものが厳しくなってきます。金融機関もかなり融資に渋くなります。これを貸し渋りと感じてしまう経営者もいますが、もう一度、冷静に自分の会社を俯瞰してください。あなたが金融機関の担当者だったら、あなたの会社にお金を貸しますか？

金融機関はお金のあるところに貸す

返済能力は、実際に生み出されている現金を重要視しているということでした。

つまり、たくさん現金を生み出している会社、お金のある会社に金融機関は融資するのです。

「金融機関は雨の日に傘を貸さない」と言われますが、金融機関はもともと雨の日には傘を貸さないのです。

先ほどお伝えしたように、金融機関は安全性重視のためお金のあるところに優先してお金を貸します。それでは金融機関の意味がないと思うかもしれませんが、民間企業である金融機関は、利益を追求していかなくてはいけません。特に株式を上場している金融機関は利益追求、株主優先になるのは致し方ないこと。そのため、中小企業は大手銀行とだけ取引するのではなく、地域に密着した金融機関との関わりを大事にしてほしいのです。

では、金融機関が雨の日に傘を貸さない状態で、企業はどうすればよいのでしょうか？

借りられるときに借りる

早い話が、晴れている間に傘を借りておくのです。お金が必要ないときに借りるのは、金利を払うだけもったいない、と思うのは誤りです。

生命保険や火災保険は何のために入っているかといえば、「まさかのときのため」ですよね。会社の経営において、想像していなかったことで売上の減少や大きな支出が生じることがあります。リーマンショックや東日本大震災などは、予測不可能です。その保険として現金を持っておくことは大事なことです。ですから、融資は「まさかのときのため」に、余裕を持って受けておいてください。通帳の現金残に余裕があれば、それだけ安心感を提供してくれます。大事なのは、金利の支払いではありません。会社を継続していくことなのです。

3 だまされるな！中小企業につけ込む、悪の手口

暗躍する詐欺商法

金融円滑化法打ち切りに伴い、「詐欺商法」によってなけなしの資金を奪い取ろうとする悪徳業者が増えています。今後ますます被害は増えるでしょう。

今、実際に起こっている詐欺の手口をお伝えします。

【事例】

金融機関から返済猶予を受けていたA社長。なかなか業績が改善せず、改めて返済猶予の延長を求めて、金融機関に再延長の依頼をしました。しかし、その延長は認められませんでした。ただでさえ資金繰りは厳しいうえに、来月から約定返済をすることになると、倒産、自己破産、一家離散にもなりかねません。そこに1本のＦＡＸが……。


「金融円滑化法打ち切り」特別金利キャンペーン実施中！

「1000万円まで1週間金利ゼロ、その後もたった1％」

今月のみのキャンペーン金利、お申込み100社になり次第、終了です（現在87社）。

株式会社〇〇ファイナンス
貸金業者登録番号×××

あやしさ満点です。しかし、社長はわらにもすがる思いで電話をしました。そして、資金調達をしたいこと、使おうかどうか迷っていることを伝えたところ、電話に出た担当の女性はこう言いました。

「キャンペーン期間は今月中ですが、残り少なくなっておりますので、できるだけお急ぎいただいたほうがいいと思います。申込みに際しては、金利は低いのですが、保険料と手数料が必要になります。それぞれ融資金額の5％必要ですが、初めてご利用いただく方は、今月中にお振込みいただければ、あわせて5％というキャンペーンを展開しております。あと1件で（自分の）目標に達しますので、申し込んでいただけると非常に助かります。来月になると審査自体が厳しくなりますので、ぜひこの機会にお申し込みください。お振込みが確認できましたら、ご連絡の上すぐにご融資いたしますので、まずは保険料と手数料をお支払いいただけますでしょうか」

100万円だと厳しいが、50万円であれば何とか用意できるし、女性も感じが良いし、背に腹は代えられない。保険料などの出費は予定外だがしょうがない。社長は思わず振込みをしてしまったのでした。

その後、待てど暮らせど連絡がありません。

改めて連絡してみると、「現在この電話番号は使われておりません……」

A社長は、まんまと詐欺に遭ってしまったわけです。

「悪の手口」公開

このようなことが、金融円滑化法打ち切り後、増えるのではないかと私は危惧《きぐ》しています。「詐欺商法」を日頃から生業にしている業者は、思わず申し込みたくなる導線のつくり方が非常に巧みで、いろいろなテクニックがちりばめられています。

ではどのようなテクニックを使ったのでしょうか。

①注意を促す言葉

どんなに騒がしい場所でも、関心があることは聞き取れて、関心のないことは聞き取れないことを「カクテルパーティー効果」と言います。「特別金利キャンペーン！」と言われてもありきたりで見向きもしないものが、「金融円滑化法打ち切り」という言葉がついたとたん反応し、思わずそのＦＡＸを手に取ってしまうのです。

③受け入れやすい提案

相手が受け入れやすい提案をしてから、次の違う提案を受けざるを得なくする手法のことを、「ローボール・テクニック」と言います。

「1000万円まで1週間金利ゼロ、その後もたった1％」というのはまず、「金利を払う必要はありません」という受け入れやすい金利を提示することで、ハードルを低くします。そのうえで、保険料・手数料を支払わざるを得ないという状況をつくり出すのです。

④購入を急がせる言葉

早く頼まないとなくなってしまうようなものに対して、人は高い価値を感じます。希少性の原理です。「今月のみのキャンペーン金利、お申込み100社になり次第、終了です（現在87社）」といううたい文句は、まさに希少性をあおっているわけです。

⑤肩書で信じさせる方法

振り込め詐欺などでは、弁護士、警察などの専門家を語って人を騙します。専門家と言う信じ込んでしまう傾向を利用したものです。

「貸金業者登録番号」がその効果を発揮します。記載されていると、本物かどうかを確認しないで、きちんと登録している貸金業者だと思いこんでしまい、登録しているから大丈夫だろうと信じてしまうのです。もしあやしいな、と感じたら、日本貸金業協会のホームページにある「悪質業者の検索」で検索してみることをおすすめします。

http://www.j-fsa.or.jp/personal/malicious/

⑥異性からの電話

同性からの電話に対して、人は警戒心を持ちます。しかし、異性に対しては、受け入れてしまう感情があります。多少無理な注文があっても、聞いてしまう、心を許してしまう心理を利用しているのです。

⑦信じさせる話法

良いことばかり言うのではなく、悪いことも言うことで、信じてしまうという心理を利用する方法で、「片面提示」「両面提示」と言います。

あまり安い金利をうたっておくと、半信半疑に感じてしまいます。その代わり保険料・手数料がかかってしまうというと、それはそうだよな、と信じてしまい、疑う心がなくなってしまうのです。

⑧同情してしまう心理

不利な状況にある人を応援してしまうという人間の心理を利用することを「負け犬効果」と言います。「あと1件で目標に達するので、申し込んでいただけると非常に助かります」という言葉で、頑張っている人を応援してしまう心理を利用しているのです。

FAX1枚、電話1本の中に、これだけの心理テクニックが使われているのです。あなたはひっかからない自信がありますか？

これらを絶対に回避できる方法が1つだけあります。それは、資金繰りを改善して、こういう業者に近づくスキを与えないことです。

さて、資金繰りの厳しいA社は、金融機関だけでなく仕入先に対しても延滞していました。ある日、「公的機関の代理人」と名乗る弁護士からハガキが届きました。その文面には、「御社は取引会社に対する支払いが未払いになっています。本書到着後３日以内に連絡なき場合は、動産、不動産の差し押さえを執行官立会いのもと強制執行いたします」と書いてありました。

慌てたA社の社長はすぐに相手の弁護士に連絡。そして、その弁護士はいくら支払えるのかを確認した後、すぐにその金額を振り込めば、強制執行を取り下げると言ってきました。慌てて振り込んだ社長は、まんまと詐欺に引っかかってしまったわけです。もちろん弁護士も偽物です。よくよく見ると、取引会社の社名も書いてありません。しかし、未払いという後ろめたい行為をしているという気持ちが先に立ち、さらには弁護士という権威、強制執行という言葉、すべてが重なって、だまされてしまったのです。

その他に、先にお金が振り込まれてしまうという「押し貸し」というものもあります。勝手に通帳にお金を振り込んでくるのです。そして、「融資しているんだから、利息を払ってください」というのです。これは怖いですね。

さらに、こんなこともあります。

税務署や年金事務所を名乗る人物から、「還付金があるので、ＡＴＭから手続きを取ってください」と言われるのです。

実際に手続きをとってみたら、逆に振り込んでしまっていたという、還付金詐欺です。

窓口で手続きをとることが多く、ＡＴＭをあまり使わない人がはまりやすい手口です。

このように世の中には、あなたの弱みに付け込んで、あらゆる手口であなたのお金をとってしまおうとする人間がたくさんいます。ぜひ頭に入れておいてください。

第3章

金融機関に融資の交渉、返済の延長交渉を行う

1 金融機関での格付けを上げるためにするべきこと

格付けを上げるシンプルな方法

格付けを上げるには、主に「経常利益率」「自己資本比率」「債務償還年数」の3つが大切であることはお伝えしました。では、具体的にどうすれば会社の格付けを上げられるのでしょうか。答えはシンプルです。この3つの数値をよくすること、つまり、**「会社の財務状況を改善に導けばいい」のです。**

「経常利益率」とは、利益を意識しながら売上を増やし、売上が上がらなければ、経費を削減するということです。その方法は、第4章「金融機関が融資したくなる、経営改善計画書の書き方」でお伝えします。

「自己資本比率」は、資本金を増やすか、債務圧縮をすれば高まります。

「債務償還年数」は、営業利益を上げるか、有利子負債（借入金等）を圧縮することが大事になってきます。

借入金圧縮の仕方

手元に自社の決算書があれば、ご覧になってください。資金繰りが悪化している会社は、役員借入金、つまり経営者からの借入金が発生することがあります。会社の資金不足を経営者の個人的なお金で賄っているということです。

『金融検査マニュアル別冊（中小企業融資編）』では、中小企業の場合、経営者からの借入金を自己資本にみなすことができると規定しています。

しかし、実際に自己資本とみなすかどうかは、実態を基に金融機関が判断します。

そうであるならば、会社に貸し付けたお金が戻ってこなくてもよいと考えている経営者は、借入金ではなく、資本金にしてしまいましょう。金融機関に、経営者の強い意思を感じさせることができるというメリットがあります。

ちなみにこの**「借入金を資本金にすること」を、金融用語では「デット・エクイティ・スワップ（DES）」と呼んでいます。**

特に債務超過になっているような会社は、このDESを行うことで債務超過を解消あるいは縮小することをおすすめします。負債を資本にすることで、貸借対照表上に変化を与え、財務内容はよく見えます。

しかし、経営者はどうしても損益計算書、つまり利益を意識してしまいます。結果、会社の自己資本にせずに債務免除益にしてしまうのです。

債務免除益は、文字通り、**債務を免除するということ**です。この場合で言うと、会社が経営者から借りたお金を払わなくていい、ということですから、その払わずに済んだ分を利益として計上することになります。

債務免除益が計上されることで、当期利益を増やして黒字化したり、赤字を小さくする

図7　デット・エクイティ・スワップ（DES）を行うメリット

1. 「負債」を「資本」にすることで、財務内容がよく見える
2. 自己資本比率が上がる
3. 借入金が減り、債務償還年数も短くなる
4. 経営者の経営改善に向けた意志が伝わる

↓

格付けが上がる！！

ことができます。

自己資本にするより手っ取り早いですし（自己資本の場合、増資の手続きなどが必要）、当期利益がプラスになることで、損益計算書の見てくれもよくなります（金融機関には一目瞭然ですが）。

あなたの会社が金融円滑化法を活用しているのなら、金融機関からのさらなる借入は難しい状況ですので、DESを行うことをおすすめします。無理に利益を出して黒字化しても、税金が増えるだけです。黒字化が見込めるということは、税金の支払いが増えることと常に隣り合わせになります（資本金の増加によって税金が増えること

もありますので、ＤＥＳを行う場合には、顧問税理士に確認してみてください）。

このＤＥＳによって、自己資本比率は上がります。借入金も減るわけですから、債務償還年数も短くなります。さらに、経常利益率は、ＤＥＳを使わず、債務免除益で対応したときと変わりません。債務免除益は、特別利益のため、経常利益には反映されないからです。このように、**ＤＥＳを行うことで格付けを上げることができるのです。**

【なぜ経常利益率が格付けに使われているの？】

経常利益率は、特別損益にある臨時的、突発的な損益を排除することができます。金融機関や会社にとって「客観的に判断できる数字」であるため、格付けに使われているのです。

役員貸付金と役員借入金は相殺する

ＤＥＳを行う前にやっておいていただきたいことがあります。業績が悪化してくると、決算書（内訳書）上に妙な科目が出てきます。役員借入金もその１つですが、その逆も出てくることがあります。**経営者からの貸付、役員貸付金**です。

毎月一定額ずつ返済を受けていればよいですが、残念ながらそうでない場合がほとんどです。返済が履行されていないのです。

融資をした金融機関は、この役員貸付金があると、そのお金が社長に流れており、会社の運転資金に使われていないと感じます。「役員貸付金は異常な科目」と考えてください。

役員貸付金があってさらに役員借入金がある会社は、必ず相殺してください。

たとえば、役員貸付金が１０００万円、役員借入金が８００万円ある場合は、役員借入金１０００万円－役員貸付金８００万円＝役員借入金２００万円にすれば、体裁もかなり良くなります。残りの役員借入金の２００万円を資本金にすれば（ＤＥＳをすれば）、もっとすっきりしますね。

資本金にすることに踏ん切りがつかない社長へ

多くの経営者は、会社に貸したお金は、いずれ返してもらおうと思っています。あなたもそうかもしれませんね。しかし、1年の間に返済が行われる見込みがないのであれば、潔く資本金にしてしまいましょう。

何でもそうです。1年間使わなかったら、その後も使うことはないものです。そのときは潔く捨ててしまうのが最良の方法です。会社に貸し付けたお金が1年間動かないのであれば、この先もなかなか動かないでしょう。この場合は捨てるのではなく、「資本金にする」ことができます。

格付けに対する効果は、前項で述べました。経営者は貸付金を返済してもらうより、財務内容をよくすることが大事です。業績が良くなったら、そのときは報酬でたくさんもらえばいいのです。可能性のある未来を見るか、変化のない現在を見るか、です。

仮払金は意味がない

妙な科目と言えば、**「仮払金」**です。この科目が決算書に残っている場合があります。さすがにこの科目は、税理士も嫌がります。あくまでも「仮」で、数字が確定していないということですから。それなのに数字の確定した決算書に記載されているのです。これは仮払金にすることで、経費にしないようにするという苦肉の策ですが、こういう小手先テクニックを使っている間は、会社が良くなることはありません。金融機関の担当者も決算書を何百、何千と見ています。仮払金にしたところで、あまり意味のないことです。経営者に必要なことは、財務内容をよくして、資金を上手に回すことであって、無理やり利益を出すことではないはずです。原点に戻りましょう。

歩積み両建ての弊害

金融機関が融資に伴って、定期預金を作成させることです。

禁止されている行為ですが、いったん融資でお金が入ると気分が良くなって、定期預金に入ってしまう経営者は少なくありません。しかし、この歩積み両建ては「拘束性預金」という別名があるように、**1回定期預金を組んでしまうと、定期預金を担保に入れていなくても、なかなか解約できないのです。**

金融機関側にとっては、定期預金をしてくれれば実質担保になっているのと同じですから、保全が図れます。また、定期預金をすることによって実質的な貸出金利が上がります。これが第2章でお伝えした実効金利です。

会社側からすれば、金融機関が嫌がっているのに無理に定期預金を解約すると、今後の金融機関との取引に支障をきたすのではないかとか、解約すると資金繰りが厳しいと思われてしまうのではないか、という思いが働きます。ですから、融資を受けている金融機関には、そもそも定期預金をしないほうがいいのです。

どうしても担当者に預金してあげたいと思う方は**「定期積金」**がいいでしょう。それも税金支払い用として、半年物や1年物にしてください。税金納付の時期になれば、普通に解約することができます。

定期預金してしまった場合の解約方法

では、万が一、定期預金してしまった会社はどうすればいいのでしょうか。そういう場合は、金融機関の担当者にこう言ってみてください。

「財務内容を良くして、資金繰りも改善していきたい。資産の流動性も高めたいと思っています。融資をして一部を定期預金にしてしまうと実効金利も上がってしまいます。運転資金として有効に活用したいですし、現預金も多めに持っておくことで、一大事に備えておけば安心です。そのため定期預金を解約して、普通預金に入金してください」と。

担保に入っていない定期預金なのだから、いつ解約してもいいじゃないか、と思われるかもしれません。

確かに正論ではありますが、そこは今後の金融機関との関係を見据えながら、大人の対応で接していきましょう。それと、担当者はもちろんですが、金融機関は支店ごとに目標がありますので、**定期預金の解約は月の初めに提案してください。**解約しても支店ごとの目標が達成できるようであれば、月末には解約手続きをとってくれるでしょう。

2　今すぐ財務状況を改善する方法

売掛金を効果的に回収する方法とは？

売掛金の回収を早めて資金繰りを改善することは、「第5章　自力で資金繰りをよくしていく！　資金繰り表の作り方」に書いています。

ここでは売掛金の回収のために、企業はどのように準備すればいいのかを考えていきたいと思います。

得意先が増えると、それぞれの回収状況や売掛金の増減がわからなくなることが往々にしてあるかと思います。そこで必要となってくるのが、「得意先管理」です。

まずは、売掛金を得意先ごとにリストアップしてください。

まとめるのは経理担当者で構いませんが、それを営業担当者別に分けて、各担当者にも把握させてください。そうすることで、**売掛金の大きい会社や回収が遅れている会社、売上規模に比べて回収条件が良い会社など、いろいろなことが見えてきます。**それがわかれば、回収が遅れている会社には、すぐに手を打つ体制を構築できますし、条件が良すぎる会社は、回収期間を短くするなど条件を変えることもできるでしょう。

その場合の得意先の説得方法ですが、「管理上、他の取引先と回収期間を一緒にしたいという会社の方針です」という内容で、納得してもらいましょう。

ポイントは、**「他の会社も一緒であること」「会社の方針であること」**の2点です。

得意先に対して、「会社の方針であればしょうがないか、他の取引先も同じなんだし」と思わせることが大事です。

いきなりの変更が難しいようであれば、段階的に同じ条件にしていくことも考えてみてもいいでしょう。無理強いのようで、無理強いでない方法を模索してみましょう。

図８　売掛金回収のための準備

▼得意先管理

売掛金を得意先ごとにリストアップし、営業担当者別に分けて各担当者に把握させる⇒回収できていない会社や回収条件が良い会社などがクリアになる！

▼回収条件が良い会社

回収サイト短縮の交渉を行う
「会社の方針で、他の取引先と回収条件を同じにしたい」

▼売掛金の多い会社

会社の状況を随時チェックし、売掛金回収サイト短縮の機会をうかがう

売掛金の多い会社については、これは大口取引先だから、お礼を申し上げると考える方もいるかもしれませんが、答えは「ノー」です。売掛金が多いということは、それだけその得意先が経営難になったとき、売掛金の未回収リスクも大きいということです。こういう得意先は、特に会社の状況を確認しておかなければいけません。

担当者の言動や他の取引先からの情報、帝国データバンクの信用調査の利用など、日頃から注視しておいてください。売上代金の回収サイトが短縮できれば、お金の回りが良くなるので、運転資金の借入をせずに資金繰りを回せるようになります。

これらを踏まえて、回収状況のわかる売掛金回収管理表をつけてください。
売掛金はその繰り返しです。

「この人なら間違いない！」という購買管理者を1人決める

あなたの会社では、売れ残った商品や未使用の材料などの「不良在庫」を倉庫に眠らせていませんか？　それが当たり前になってしまうと、その量は増える一方です。古いものがどんどん奥に押し込まれ、一生出すことができない状態になってしまいます。

このような状態では、在庫を正確に知ることができないため、無駄に商品を発注したり、必要なのに在庫がなく、慌てて仕入れるという事態が起こってしまいます。

その対策は、購買管理者を１人決めること。たったそれだけです。その管理者の取組み次第で、一気に改善が進みます。

購買管理者は、毎月もしくは毎週、決められた日に在庫状況を確認します。商品がどのくらいの期間でなくなるか（在庫年齢）、どのくらい必要なのか（在庫数）を理解するた

図７　不良在庫撲滅のための対策

❶購買責任者を１人必ず決める
毎月もしくは毎週決められた日に在庫を確認し、商品の消費スパン、商品が必要になる時期などの状況を把握する

❷社内から発注を受ける際には、「何のために」「どのくらい仕入れるのか」をしっかりヒアリングする

↓

不良在庫を減らすことで、無駄な商品の発注防止（コスト削減）や急な商品注文に対応できる！

めです。不良在庫が出たときは、なぜ仕入れたのか、なぜ不良在庫になったのかを書き留めておきます。そうすることで、今後の在庫管理に活かすことができます。

また、営業部門や製造部門の発注依頼はすべて購買管理者に行うようになるので、仕入に関する情報が集約化されます。

ただし、ここで気をつけなければならない点は、購買管理者は、**その他の部署の御用聞きになってはいけない**、ということです。発注を受けた際には、**「何のために」「どのくらい仕入れるのか」をしっかりヒアリングすること**です。「このくらいあると安心だから」という数字で表せない曖昧

な発注は、不良在庫を増やす原因となります。購買管理者以外にも在庫に対してシビアな目を持ってもらうためにも、**依頼する際には、必ず根拠を添えるよう、購買管理者から発信してもらいましょう。**このような体制ができれば、仕入先との会話もスムーズに進むことでしょう。つまり、購買管理者がどの月にどのくらい商品が必要になるかを把握しているので、あらかじめ仕入先に来月の予定仕入量を伝えておくことができるのです。

また、急な発注になっても、仕入先と日頃からコンタクトを取っているので、無理が利きます。

こういった経験を通して、購買管理者は、知識を高め、交渉能力がついていきます。もっと安くならないか、もっと安い業者はないか、ロットを大きくすることで安くならないか、急ぎの対応をしてくれるかどうか、仕事が正確か、などを勘案しながら、仕入先を決めていき、よりミスのない効率的な発注が可能となります。

購買管理者は、少なくとも1カ月に1回は在庫を管理してください。在庫が増えれば、それだけスペースを必要とするので、倉庫代などがかかってきます。仕入時期もよく考えて、自社にあった在庫管理を確立してください。

コスト意識を植え付ける

社員1人に対し、パソコンとスマートフォンを1台ずつ貸与する企業が増えています。このように通常業務で用いる備品は、「在庫管理表」を使ってしっかり管理する必要があります。

よく、「固定資産台帳」にパソコン①、パソコン②、パソコン③……、と書いてある決算書を見ることがありますが、このような会社は、改めてきちんと在庫管理表を作って、品番、メーカー、機種名など細かく記載し直してください。在庫を確認してみると、固定資産台帳に記載されている数と実数が合わないこともあります。退職者からパソコンが戻ってこない、ということもあります。しかし、貸与品は会社の財産。会社が稼いだお金から出ています。貸与品をしっかり管理する意識がない会社は、お金を大切にしていない会社です。逆に、物を大事にしているということは、お金を大切にしている会社です。ムダなものの使い方をしません。つまりはコスト削減につながっているのです。

コスト削減は、社長1人が頑張ったところで、実現することは不可能です。大事なことは、従業員1人ひとりが、コストを意識することです。

稲盛和夫氏は、日本航空再生の折、整備用の備品棚にそれぞれ備品1個当たりの金額を張り付けて、備品はタダではないことを社員に意識づけさせ、コスト削減につなげました。社員もそれを受け、備品1つにコストを意識するようになり、使い方が変わったのです。まさに物を大事にすることを社員に意識させることで、コスト削減をはかった実例と言えるでしょう。

3　金融機関を上手に活用するポイント

ポイント１／金融機関には毎月出向いて情報交換する

金融機関の担当者とは毎月、少なくとも３カ月に１回は顔を合わせてください。別の項目でも書いた通り、自分から金融機関に出向くことが大事です。自ら出向かないと、支店長や融資課長が代わっていてもなかなか気がつきません。特に支店長が代わると、懇意にしている金融機関の取るべき方針が変わる可能性があります。いざというときに焦らないためにも、自ら出向き、自らの目で確かめるということが必要なのです。

また、出向く際には、必ず「利益計画表」と「資金繰り表」を持参し、毎月の会社の状況はもちろん、**今後の取組みや改善点を伝えてください。**「常に改善を心がけている社長である」ということを印象づけておくことが大事です。そのとき「いつ頃資金が必要になるか」ということについても触れておくとよいでしょう。

面談時間の目安は15分です。担当者も忙しいので、長時間滞在は効果がありません。

また、短い時間内ではありますが、できる限り金融機関から、いろいろな情報を仕入れてください。「保証協会からこんな保証制度が出ました」という金融情報から「来月までの支店の融資目標がなかなか厳しい」といった担当者情報まで、あらゆる情報を担当者から聞き取ってください。融資の交渉の際に使えるカードを増やすことにもなり、いざというときあなたの会社の身を守るかもしれません。

ポイント2／社長自ら説明する

金融機関の対応を財務や経理の担当者に任せていませんか？　もしそうであれば、即刻やめてください。**数字の説明こそ社長が行わなければいけません。**そうしなければ、社長は数字の読み方がわからない、あるいは、あの会社は部下に任せっ切りなんだと金融機関に思われてしまいます。何も上手に説明する必要はありません。**「数字を意識している」ということが伝われば、金融機関は社長に好意を持ちます。**まずは社長が説明しようとする姿勢を見せることで、**金融機関に安心感を与えてください。**

ポイント３／借入できる場合は、金利まで聞く

金融機関で借入ができるとわかったとたん満足してしまい、金利についてあまり聞かない社長は少なくありません。

確かに金利そのものにこだわるより、借入金額にこだわるほうが大事です。しかし、借入が決まった後には、必ず金利を聞いてください。その時点で最終的な金利はまだ決まっていないので、担当者も答えられないことが多いです。しかし、ここで金利について聞くことで、担当者に、「この社長は意外と細かいな、きちんと対応しないといけないな」と

思わせることができます。借入させてくれる金融機関の立場が上なのではなく、あくまで対等な立場で接するためにも、借入する際は金利も聞くようにしましょう。

ポイント4／きちんとアポイントを取って訪問する

社長の中には、定期積金の入金や通帳記帳のついでに来たと言って、担当者に会おうとする人がいます。しかし、それはNGです。それでなくても、担当者は多くの仕事を抱えています。ちょっと予定があったので寄ってみました、と言われても喜びません。きちんと連絡して、訪問日時を決めてください。担当者はよほどのことがない限り、時間を作ってくれるはずです（それでも作ってくれない場合は、何か原因があるはずです。心当たりがないか考えてみてください）。自社の得意先にはアポイントを必ず取るのに、なぜか金融機関には取らない経営者は多いです。あなたの会社も約束もなく訪問されたら困るでしょう。それは金融機関も同じということです。

ポイント５／業界用語や専門用語は極力使わず、わかりやすく伝える

何度も融資を受けているからといって、懇意にしてくれている金融機関が自社の業務内容を熟知しているだろうと思ったら大間違いです。融資を受ける側が知っていてほしいと思っていても、担当者は、それほど一社について理解を深める時間はないのが正直なところです。それよりも、「この会社に融資できるかどうか」ということに最も関心を払っています。ですから、自社の業務内容については、わかりやすく伝えることが大事です。

その際、業界用語や専門用語はＮＧです。あなたの会社の常識も、他の会社の人にとっては非常識です。ぜひ、初めてあなたの会社を訪れた人に説明するくらいのイメージで話してください。中にはあえて難しい話をして専門性をアピールしようとする人もいますが、これは残念ながらマイナスイメージです。自社のことを本当に理解してもらいたいのであれば、難しいこともわかりやすく伝えるよう心がけてください。特に担当者が代わったときは、面倒くさがらずに、一からしっかり業務内容を伝えましょう。

ポイント6／決算書は言われる前に持っていく

決算月から2カ月後には、税務署に決算書を提出します。同時期に金融機関から決算書の提出を求められると思いますが、**決算書は金融機関から提出を求められる前に持参し、説明しましょう。自社の取り組みをアピールできる大切なチャンスです。**

話としてはたとえば、過去の決算と比較して、どのように改善したのか、翌期は売上を上げるためにどのようにしていくのか、など、会社としての意志表明を行うのです。決算書を義務的に提出するだけでは、決算書を出す意味が半減します。金融機関としても、そのアピール次第であなたの企業をプラスにもマイナスにも評価するのです。

ポイント7／融資の打診は、メインバンクにも伝える

前述のように、サブバンクや新規の金融機関から融資の打診があったときはメインバン

クに必ず伝えましょう。特にメインバンクが融資を渋っているときほど効果的です。

融資の打診があったことをメインバンクに伝えることで、メインバンクも融資に前向きになったり、サブバンクよりも金利面を優遇することもあります。あなたの担当者は、ノルマもありますし、今後の付き合いもあるため、融資したいのが本心です。しかし、支店長や本部が融資に前向きでないため、融資ができないことが多いのです。

ですから、担当者がうまく支店長や本部に融資を働きかけてくれるよう、こちらから「別の金融機関から融資の打診があった」という情報を与えることで、金融機関が動いてくれることがあるのです。

ポイント８／関連会社への貸付金は要注意！

関連会社が複数ある場合、関連会社への貸付金を決算書に載せるのはＮＧです。仮に載せてしまった場合、以後はすべての関連会社の決算書を持って来るよう言われます。

これは「Ａ」という会社に融資したのに、それを「Ｂ」という会社にお金を回しているとみられるからです。金融機関としては「A」という会社に融資したのであって、「B」という会社に融資したわけではありません。

さらに「B」という会社が信用力のない会社であれば、金融機関としては、貸倒れの危険性もあるわけです。1回そのようになってしまえば、ずっと関連会社の決算書を出し続けなければいけません。決算前は、関連会社との取引をきれいに整理しておきましょう。

ポイント9／「金融庁に連絡する」という言葉は最終兵器

何か金融機関で気に食わないことがあると、「金融庁に連絡する」という人がいますが、よほど理不尽でない限り、感心しません。

確かに金融機関の上に立つ金融庁ですから、そんなことを言われたら金融機関も困るでしょう。しかし、このような行為も、基本的に大手銀行や有力地方銀行はさほど気にしません。地方金融機関は、「金融庁」という言葉にかなり反応しますが、こんなことを言う企業とは、今後付き合いたがらないでしょう。メインバンクと「もう一生付き合わない」

という覚悟があるのなら、冷静に「金融庁に連絡させていただきます」と断りを入れて、連絡をしてください。

これはどうしようもなくなったときの、最終兵器と言えます。

ポイント10／過去の話はしない

担当者はもう新しい人に代わっているというのに、「前の担当者に融資を断られた」と、いまだにあいさつ代わりに言う社長がいます。

確かに、融資が出ないことで、相当苦しい思いをしたかもしれません。しかし、それを今でも口にすることで、何のメリットになるというのでしょうか。**過去に固執する社長に、金融機関も前向きに融資しようとは思いません。**そんなに憎い金融機関なら一切の取引をやめたほうがいいと思います。しつこい人は嫌われます。

ポイント11／会社を積極的に見てもらう

支店長や役員が会社に来たら、どんどん内部を見てもらいましょう。彼らが会社に来ること＝「偵察」です。この会社に融資しても大丈夫か、次の大口融資先になりうるかどうか、ということについて観察しているのです。

では、金融機関は会社のどこを見ているか。それは、**「挨拶と5S（整理、整頓、清掃、清潔、しつけ）」**です。基本ではありますが、これができていれば、「しっかりしている会社」だと判断してもらえると考えて差し支えないでしょう。逆に言うと、こういった基本ができていない会社が多いとも言えます。

支店長や役員だけでなく、担当者が来たときも分け隔てなく挨拶をするようにしましょう。相手の役職によって挨拶をしたりしなかったり、ということをしてはいけません。担当者も、「感じのいい会社」と判断すれば、上司を呼びたくなるでしょうし、上司が「いい会社だ」と判断すれば、融資の可能性も高くなります。

ポイント12／金融機関も「取引先の1つ」という認識を持つ

金融機関との関係は特殊です。「金利」という手数料を払っているのに、なかなか頭が上がらないのですから。しかし、取引先の１つであることには変わりありません。資金繰りに困ったときは、他の取引先の支払いを待ってもらうのと同じように、返済の延長を求めてもかまわないのです（ただしペナルティーもつきます）。

それよりも、「金融機関に返済しなければいけない」という強迫観念で、高利貸しからお金を借りて返済してしまうということがあってはいけません。もちろん、金融機関によって対応は異なります。延長は認めても、債権放棄したわけではないので、対応には万全を期してください。

ポイント13／後継者を紹介する

中小企業は、社長の手腕だけで生きながらえている会社も少なくありません。その場合、いざ社長が重い病気になったり、事故に遭ったりしたとき、会社は大きく事業継続に支障をきたすことになります。金融機関としても、会社が潰れてしまっては大変です。

そうならないためにも、万が一に備えて、「後継者を決めておく」ということは大事なことです。金融機関も、社長がある程度年齢を重ねてきたときに、しっかりとした後継者がいれば、安心して融資ができます。後継者は、金融機関との打ち合わせのときも同席させるなどして、きちんと金融機関に紹介しておきましょう。

ポイント14／プライドを傷つけない

担当者にも好き・嫌い、合う・合わない、出来・不出来があります。それは致し方ないことです。担当者が合わないから、思い通りに動いてくれないからといってキレたり、そればもとで金融機関を代えてしまうなどという軽率な対応をしないように気をつけてください。

金融機関側があなたの会社を見離したのであれば別ですが、会社側からあえて離れることとは意味がありません。

気に入らないからといって、借り換えをして全額他の金融機関に持っていかれることはほど、金融機関にとってプライドを傷つけられることはありません。そうなれば、その金融機関とは、今後付き合うことはできないのです。

担当者も2〜3年で転勤します。支店長に至っては1〜2年です。上手くいくときもあれば、そうでないときもあります。お金に関することですから、会社にとってはセンシティブになることと思いますが、タイプが合わないと思っても、担当者が代わるまで、忍耐強く待ってみましょう。

4 これ以上の延長は厳しいと言われたときの対処法

返済猶予の延長を断られたら？

「次の延長は厳しいです」

金融機関にこう言われた場合、あなたならどうしますか。

金融機関に文句を言うのか、新たな資金調達先を探すのか、金融庁に報告するのか……

色々考えると思うのですが、何よりもまずしなければいけないことは、**「なぜ延長を断られたのか」という原因を突き止め、冷静な判断・分析・対策を立てることです。**

今回の金融円滑化法によって、また同法が打ち切られても、実現可能性の高い抜本的な経営改善計画（実抜計画と言います）を立てて3年以内に立て直しがきけば、不良債権に該当しないとされています。つまり、**金融機関としては、復活の可能性があるのであれば、再延長を認めてもいい、というわけです。**

一方で「認めない」という判断が出たということは、あなたの会社に「復活の見込みがない」と判断された、ということなのです。

その判断理由は何でしょうか。

あなたの会社が金融機関にどのような対応をしていたかを1つずつ考えてみましょう。

経営改善計画書を提出しましたか？

経営改善計画書は、条件変更時から1年以内に提出すればよいとされていますが、ギリギリに提出するようではいけません。

金融円滑化法によって「金融機関に延長の申し込みができる」という理由だけで延長申

請し、問題解決の先送りをしている会社は、なかなか経営改善計画書を作成しません。

仮に、1年の返済猶予を金融機関が認めたとして、その経営改善計画書を1年後に出すということは、金融機関から、「経営努力していない不適格な経営者」と判断されてもおかしくありません。早急に経営改善計画書を作成して金融機関に提出してください。

その他、金融機関が求めた書類を提出しましたか？

提出する書類は、何も経営改善計画書だけではありません。詳細な売上データや金融機関の借入返済予定表など、その他の書類を求められることがあります。

しかし、会社の中身を見られたくない、すでに金融円滑化法による条件変更を受けているから後回しにしている、といった怠慢から、金融機関から求められている書類を提出していない企業があります。

金融機関としては、条件変更をしている会社が今後復活の見込みがあるのかを、あらゆる「書類」から判断しようとしています。提出をしなければ、復活という判断のくだしようがありません。**求めているのに提出しない企業に対しては、「復活の見込みなし」と見られても仕方がないわけです。**

それほど難しい書類を提出することは求められていないはずです。まずは自分なりに作成し、今日にでも金融機関に持参してください。

経営改善計画書は実抜計画になっていますか？

実抜計画とは、先ほどもお伝えした通り、「実現可能性の高い抜本的な経営改善計画」のことです。作成された経営改善計画が本当に実現できるのか、そして実現できれば業況が回復するのか、ということをもとに作成されなければいけません。それが示されていなければ、金融機関としては、「より具体性のある経営改善計画書」を求めます。金融機関にとっては、条件変更の延長申請を承認するための資料です。実抜計画でなければ、延長申請を断ることができるのです。

すでに、ある程度の経営改善計画書ができていれば、あとは具体的なアクションプランを、「第4章　金融機関が融資したくなる、経営改善計画書の書き方」を参照し、作成してください。

経営改善計画書通り、目標を80％達成していますか？

経営改善計画書を提出して、金融機関から条件変更を受けて安心していませんでしたか。今までの方法で経営がうまくいかなかったことが原因で金融円滑化法を活用した、ということを、社長自身が認識しなければいけません。その認識のないまま、これまでと同じような経営を続けていても、経営改善計画書の目標に届くことはありません。金融機関は、本当にその企業が経営改善を行っているか、注意深く見ているのです。

経営改善計画書通り目標を達成していない場合は、どこに目標との乖離が出たのか、どこに問題があり、どう改善していくのかをもう一度具体的に示し、金融機関に報告してください。

目標達成していないことを、他人のせいにしていませんか？

経営改善計画書通りにいかないことも、もちろんあるでしょう。目標を達成していないからといって、金融機関はすぐに見離すわけではありません。特に地域金融機関はそうです。しかし、目標達成しなかった理由を不況のせいにしたり、業界のせいにしたり、社員のせいにしたりしてはいけません。不況が嫌なら景気のいい国でビジネスをすればよいのですし、その業界に問題があるのなら、違う業界で勝負すればよいでしょう。社員がダメなら、辞めてもらえばよいわけです。

そのいずれの選択も行っていないということは、社長がそういった状況を選んでいるわけです。

目標に届かなかった原因はもっと違うところにあります。

それは「社長の考え方」です。

目標が達成できないのはすべて社長の責任です。他人のせいにしても、事態は好転しません。考え方を変え、どこに問題があるのか、根本的な理由を見つけて実際に改善していくことが大事です。それができない社長を、金融機関は見放すのです。

前もって、再延長の申し込みをしていますか？

1カ月に1回金融機関を訪問していれば、仮に来月が延長期限だとしても、前もって担当者にお願いすることができます。

しかし、3カ月に1回、あるいは定期訪問をしていない企業は、延長期限間近になって再延長のお願いをしに行きます。金融機関からすれば、延長申請のときだけ顔を出すというのはずいぶんと都合のいい話です。担当者としても、延長の申請は手続き上の手間だけで、何のメリットもありません。

こうならないためにも、常に会社の状況を報告しておきましょう。

金融円滑化法を活用している会社は、金融機関の担当者に嫌われないようにしなければいけません。では、嫌われないためにはどうすればいいのでしょうか。

簡単です。**「約束を守る」**ということです。

事業継続の意思がありますか？

なかなか経営改善が進まないと、社長も弱気になったり情緒不安定になったりしていきます。事業継続していきたいと思っているのにもかかわらず、思わず金融機関に事業継続が難しいという弱音を吐いてしまう社長がいます。金融機関としては、そういった言動や精神状態を見ています。覇気が感じられない社長からは、金融機関も皆離れていきます。

「この社長では会社を立て直すのは難しい」と判断するのです。

「絶対に会社を復活させるんだ、絶対に返済をするんだ」という強い意志を持って事に当たってください。そうすれば、金融機関もサポートをしてくれるでしょうし、周りの人からもサポートされるでしょう。

5 金融機関から「リストラしなさい」と言われたときの対処法

金融機関は人員削減が好き

金融機関の条件変更は、半年あるいは1年の返済猶予という形を取られることが多いです。その間に経営改善の効果を出すには、短期的な改善が必要です。

その際、取り組まなければならない方法として、経費削減、特に即効性のある「人員削減」があります。金融機関がリストラをすすめる場合は、経営改善があまり進んでいない証拠です。もっとスピード感をもって経営改善をするように発破《はっぱ》をかけているのです。

会社としても、リストラを早く進めなければいけないという思いから、人員削減をしていきます。翌月になって人員削減を金融機関に報告したところ、「それはいい選択ですね」と言われます。しかし、人員削減は、本当にベストな選択なのでしょうか？

リストラの前に、社長の報酬をカットする

経営がうまくいかないのは、誰のせいでもありません。すべては社長の責任です。従業員のリストラを行う前に社長の報酬をカットすることが、経営改善の最初の一歩です。金融機関には、本気で経営改善に取り組んでいる姿勢を見せることが大事です。どのくらい削るかは、資金繰りの状況次第ですが、50％減でも、別に驚くことでも何でもありません。金融円滑化法を活用している企業の社長の中には、受け取った報酬の一部を会社に貸し付けていて、帳簿上、社長借入金がどんどん膨らんでいるということもあります。

たとえば役員報酬が今まで１００万円であった場合、今後50万円あれば生活に支障をきたさないとすれば、

役員報酬30万円＋社長借入金返済20万円＝50万円

にするのです。

こうすれば役員報酬が30万円になり、報酬70％減。社会保険料の負担も一気に減ります。さらに役員借入金というあまり決算書に計上したくないものも減らすことができます。

賞与は会社の利益に連動させる

金融円滑化法を活用しなければ事業継続できないような中小企業で、いまだに賞与を支給している企業があります。確かに、賞与を当てにしている従業員も多いかもしれません。しかし、それほど**資金繰りに苦しんでいるならば、賞与を支払ってはいけません。**

賞与は会社の業況によって支給するという形をとらなければ生き残れないでしょう。賞与を支払うための指標は、売上ではなく「利益」です。つまり、**利益が出なければ、賞与は出ないということを従業員に認識させることが大事です。賞与は当たり前のように出るものではないということです。**

しかし、住宅ローンをボーナス払いにしている従業員にとっては、大きな問題です。そうでない社員にとっても、モチベーションに関わってくることにもなります。しかし、私の経験からすると、賞与に関してはそれほど問題なく受け入れてくれます。従業員としても、会社が潰れてしまうと、困るわけです。中には辞めていく人もいると思いますが、賞与が支給されないだけで辞めていく人は、いずれ辞めていく人です。

賞与の支給を止める場合は、いきなり断行するのではなく、従業員にしっかり説明しておくことが大事です。お金はセンシティブな問題ですから。

また、就業規則で賞与について定めているようであれば、就業規則の見直しが必要になります。一度、自社の就業規則がどうなっているかを確認してみてください。

国の助成金を活用する

人員削減をせずに人件費を削減する方法もあります。雇用を維持しながら、人件費を削減する方法です。金融円滑化法を活用している企業は、売上が落ち、資金繰りが悪くなり、従業員の仕事が少なくなっているところも多いでしょう。

そこで、従業員を休業させてしまうのです。休業させることで、会社は人件費を削減することができます。従業員は、給料が下がった分、助成金をもらうことができます。

その助成金とは、**「中小企業緊急雇用安定助成金」**です。受給条件はありますが、活用できる中小企業も多いと思います。今後、業況が回復し、忙しくなったとき、人員を確保することは大変です。会社の仕事内容を理解している従業員をそのまま継続雇用できれば業務はスムーズに進みます。助成金は、知っている人だけが得をするのです。

ちなみに助成金は、返済するものではありません。「もらいっぱなし」です。活用できそうな中小企業は、早速調べてみてはいかがでしょうか。ただし、**助成金は変更や廃止が結構頻繁に起こります。**「手続きをとろうと思っていたら、廃止になっていた」なんてことのないように、**申請する前に顧問社労士やハローワークに確認してみましょう。**

このように、金融機関から「リストラしなさい」と言われ、その言葉にそのまま反応して人員削減するのではなく、以上のように様々な方法を考慮し、上手に削減する方法を考えていきましょう。

第4章

金融機関が融資したくなる、経営改善計画書の書き方

1 まずは自社の強みを知る

あなたの会社が生き残ってきた理由とは？

創業後、10年生き延びる会社が全体の何％あるかご存知ですか。

実は、「10％未満」と言われています。

ということは、約9割の会社は10年目を迎えることなく、なくなるということです。

では、なぜあなたの会社は、生き延びることができているのでしょうか。そこに生き残りのヒントがあります。

A社「うちは家族経営だったので、自分たちのできる範囲で、細々と経営してこられた」
↓その堅実性に、顧客は安心感を持ったのではありませんか。

B社「何度も潰れそうになったけど、運が良かった」
↓社長の人徳ではありませんか。危なくなったとき、周りが助けてくれたのではありませんか。

C社「取り柄となる製品が1つしかないから、その製品を地道に作ってきただけ」
↓信頼されるような素晴らしい製品を作ってきたのではありませんか。

A社もB社もC社も謙遜していますが、いずれも「強み」と言って差し支えありません。差別化と言うと、どうしても技術的なことを考えがちですが、中小企業にとって「人間性」も立派な差別化の要素になります。

自社の強みがどうしてもわからないなら取引先に聞いてみてください。なぜ競合他社ではなく、自社と取引しているのかを。そこに自社だけではなかなか気づくことのできない答えがあるでしょう。自社の強みがどこにあるのかを認識することで、強く押し出すべきポイントが少しずつわかるようになります。

強みをアピールする

前項では、会社の強みを知ることが大事であることをお伝えしました。しかし、それをアピールできなければ意味がありません。

日本人は自己主張をあまりしません。この奥ゆかしい国民性が私は好きなので大事にしていきたいのですが、ビジネスにおいては、それではいけません。

特に新規の取引先の獲得においてはとても大事です。あなたの会社にしか提供できない商品やサービスであれば、何もしなくても顧客は集まってくると思いますが、同じような技術やサービス内容であれば、どうでしょうか。

見込取引先はあなたの会社だけにアプローチをかけているわけではありません。いろいろな会社にアプローチをしています。その中で、あなたの会社は、どうやって新規の取引先にアプローチしますか。

資金繰りに困っている会社はどうしても「価格」から入ってしまいます。顧客が欲しいばかりに、採算の取れない契約をしてしまうのです。

でも、そういった考えで低価格の商品やサービスを提供したところで、興味を持つ顧客は、お金のない顧客か、価格にしか興味のない顧客です。

少し私の場合をお話ししましょう。おわかりの通り、私は企業再生のコンサルティングを営んでいますので、資金繰りの厳しいお客様が多くいらっしゃいます。しかし、安易な値引きはしません。なぜなら、提供しているサービスにそれ以上の価値があるからです。

それは、その会社を復活させるノウハウを提供し、実現させることです。それができれば、10万円でも１００万円でもお客様は払ってくれるでしょう。まさに強みを活かした差別化です。しかし、その価値を認識せずに2、３万円ディスカウントして提供した場合、それだけの価値しかないと、自ら判断してしまっているのと同じことです。

もし、私がお客様の立場だとしたら、低価格を売りにしたコンサルタントは怖くて契約しません。その金額位の価値しかないのかと、不安になります。つまり、価格を下げることだけが、生き残る手段ではないということです。

そもそも、私のサービスを2、3万円で提供していたら、完全に採算割れです。企業再生の危機にある企業再生コンサルタントという笑えない話になってしまいます（笑）。

しかし、資金繰りに苦しんでいる企業はまさにこのパターンに陥っているのです。生き残るために、価格を下げ、自社の価値を下げ、採算割れになり、さらに、資金繰りを悪化させてしまう。そうしてこのアリジゴクのような負のスパイラルから抜け出せなくなっているのです。

そうならないためにも、自社の強みを自分たち自身で認識して、そこに力を入れ、アピールすることが大事なのです。

強みと弱みの見せ方

地域金融機関は定性要因を大事にするので、会社の強みをアピールしてください。会社の強みとは、営業力、技術力、社長の実績・人脈、後継者、取引先、業歴、商品・サービスなどいろいろあります。それを金融機関にわかりやすく伝えてください。

金融機関はお金を扱うのが本職です。あなたの会社の仕事は専門外なのですから、金融機関の担当者に対して専門用語を羅列しても伝わりません。

ここでは自社の商品・サービスの強みを見ていきましょう。自社の商品・サービスにはどんな特徴がありますか。

● 高品質である↓素材がいいのか、技術力があるのか、接客が素晴らしいのか
● 低価格である↓どのくらい安いのか、どうしてその価格で勝負できるのか
● ブランド力がある↓どういう顧客から支持されているのか、支持される理由は何か
● 独創性がある↓どの点が独創的なのか、どうやってその発想を生みだすのか
● 短納期である↓なぜ納期を短くすることができるのか
● 大量生産が可能である↓なぜ大量生産ができるのか、最新機器を持っているのか
● 急な注文も対応できる↓システム化されているのか、優秀な技術者がいるのか

● 特化している→どういう顧客に特化しているのか、など

これらの特徴は、同業他社と比較すると整理しやすいので、同業他社をイメージしながら考えてみてください。

自社の良さが見えてきましたか。

「うちの会社はこうだから駄目なんだ」ではなく、「うちの会社にはこういう良いところがある」という考え方で強みを見つけてください。そこを強く押し出していけばよいのです。

方向性に迷った社長、社長の考え方がわからない社員も、ここがわかれば今後の取り組み方が変わってきます。

わざわざ経営理念を作らなくても、自社を分析することで、会社の方向性が見えてくるのです。

このように、前向きな考え方をすることで脳にストレスを感じなくなり、今まで気づかなかったいろいろな自社の強みが見えてきます。

資金繰りが悪化した企業の社長は往々にしてマイナス思考に陥り、周りが見えなくなります。こういうときこそ、プラス思考が大切です。そうしないと、本当に病気になってしまいます。

さて、「強み」について見てきましたが、会社には「弱み」もあります。

「金融機関に強みだけでなく、弱みを見せてもいいのか」と聞かれれば、答えは「イエス」です。

人間は不思議なことに、弱みを見せると誰かが共感をしてくれるものです。私生活でもそうです。仕事が完璧な彼氏が大きな失敗をしでかして落ち込んで、彼女にそのことを話したら「助けてあげたい」と思ってしまうでしょう。才色兼備な女性が実はものすごい不安を抱えていて、それをあなたに話したら愛おしく思うでしょう。それと同じです。金融機関の担当者も人間です。

自社の弱みを話すということに対して金融機関も、腹を割って話してくれているという信頼感と、そこを克服して経営を立て直したいという社長の気持ちに共感してくれます。

ただ、男女関係と違うのは、その弱みをどう改善するのかをきちんと提示しなければばいけないということです（改善策を出さないと、ただの愚痴になってしまいます）。

弱みを克服した社長の話

私のクライアントの会社でのことです。

社長は、中小企業によくいる「ワンマン」タイプ。会社のすべての物事は社長の一声で決まるので、社員の自主性はほぼ皆無という状態でした。

そんな中、昨今の不況の影響により売上が下降し、資金繰りも悪化。今までの経営手法で限界を感じていた社長は、各部署の責任者に意見を求めました。この不況を乗り切るアイディアはないかと。

しかし、残念ながら、ワンマン社長の周りにいるのは、「イエスマン」ばかりです。社長の言うことは完璧にこなすのですが、新しい発想力がありません。

社長は各部署の責任者に対して物足りなさを感じるとともに、そんな会社にしてしまった自分自身を戒めて、この体質を変えていかなければと強く決意しました。

そこで社長がまず行ったことは、目安箱の設置です。目安箱とは江戸時代、8代将軍吉宗が幕府の立て直しを図るために行った「享保の改革」の取組みの1つで、広く民衆から幕府に対する要望や不満を直訴させるものでした。目安箱の鍵は、吉宗が自ら開錠したそうです。

これを会社に置き換えれば、社長が会社の立て直しを図るために行った「経営改善」の一環として、広く社員から会社に対する問題点や提案を行わせ、それを各部署の責任者には見せずに、社長自らが目を通すということです。

各部署の責任者が見るのを禁止したのは、社員が自由な発想で意見を発したり、発言を直接社長に伝えられるようにすることで、邪魔やもみ消しを防ぐためです。

会社の問題点を指摘するのを自由とする代わりに、どうすれば問題を克服できるのかも記入させることにしました。不満をただ言いっぱなしにさせるのではなく、改善策も提案させたわけです。

こうして、社長が知らなかった問題点や新たな提案が次々と出てくることになりました。硬直化していた組織が、柔軟性を持った組織へと変化を始めたのです。

このように過去の名君のまねをすることが、改善のヒントになることもあります。ご存知の通り、窮状にあった幕府の立て直しを行った吉宗は名君と言われています。

あなたも、名社長と言われるように結果を出してください。

2 金融機関が注目しているポイント

会社に役立つ経営改善計画書

金融機関があなたの作成した経営改善計画書の受け取りをペンディング（保留）することがあります。それは、その計画書が現実的でないときです。

社長としては「こんなに良くできた計画書がなぜ現実的ではないのか。これ以上どうすればよいのか」と悩んでしまうことになります。

しかし計画書には、「このくらいの売上は上げられる。このくらいの利益は出せる」と感覚的に試算しています。そこにはどうしても理想値が入ってしまいます。

返済猶予を受けている状況にあるということは、社長の予測とは違った結果が今まで出ていることを意味しており、金融機関もおいそれとはその計画書を信じないのです。目標を達成させるために、最後は「やる気、元気、根気」のような、どこかの校長先生の話のような内容では、納得してもらえません。

では、どうすれば金融機関が納得してくれる経営改善計画書になるのでしょうか。

それは、その計画書をより具体的に、そして詳細な内容にするとともに、社長が常に改善できる資料として使うことができるものにすることです。金融機関への提出用として作成するのではなく、経営改善に活用する社内用として作成してください。

そうすることで、その経営改善計画書はより生々しく現実味を持たせることができます。金融機関用に作成したものは、どうしても表面的な内容で実行の可能性が薄く感じられるのです。

それでは、どのような内容にすればよいのでしょうか。

経営改善計画書のなかで、会社にとっても金融機関にとっても一番必要とされているのは利益計画と資金繰り表です。

資金繰り表については第5章で説明しますので、この章では利益計画についてみていきます。

利益計画とは、簡単に言えば、毎月の損益の計画を表したものです。

試算表は毎月の結果、つまり過去を表しますが、利益計画は今後の計画、つまり未来を表します。利益計画で未来を描き、試算表で過去を把握し、この未来と過去を比較し改善していくという流れです。

それでは、利益計画の各項目がいかに経営改善に役立つ方法なのかを、ページの許す限りお伝えします。

売上を分ける

あなたの会社では、「どのような」商品・サービスを販売していますか？

あなたの会社では、「誰が」その商品・サービスを販売していますか？

あなたの会社では、「どこで」その商品・サービスを販売していますか？

多くの方は、複数の答えを出されたと思います。それぞれの質問に複数の答えがあるのに、売上の把握は「売上高」1つにまとめてしまっている会社は少なくありません。

売上には、情報がたくさん詰まっています。あなたの会社に役立つように売上を分けてください。たとえば、商品・サービス別、担当者別、得意先別など。こうして分類した売上ごとに、過去に遡っていきます。そうすると「対策と傾向」が見えてくるのです。

もう少しわかりやすく具体的な例を挙げて、話をしていきましょう。

【製品加工会社・甲社の事例】

甲社は30社の得意先を持つ中小企業です。しかし、会社の売上はここのところ伸び悩み気味。営業の山田君の取引先の1つである得意先A社の取引額も年々減少していました。そこで山田君はA社の売上を製品別に分けて、取引状況を過去に遡って分析してみました。するど、あることに気づいたのです。

A社に卸している製品はX製品、Y製品、Z製品です。この中で、X製品、Y製品の受注は大幅に減少していましたが、Ｚ製品については受注が増えていたのです。Ａ社との取引全体を見れば金額は減少していましたが、製品別にみると違う傾向が見られたのです。

山田君がＡ社製造部長に話を聞いてみると、Ｘ・Ｙ製品については、仕入れ値の安い海外に多く発注しているが、Ｚ製品については、技術的に難しいので、御社にお願いしているということでした。

その際、Ａ社製造部長から「Ｚ製品の改良を考えているが御社で対応可能か」と聞かれ、もちろん可能である旨を伝えました。付け加えて、実は他の会社にも打診をしているという話を受けました。

Ａ社のことを受注が減っている得意先としか見ていなかったため、コミュニケーションを疎かにしていた結果、いつの間にかＺ製品まで他社に奪われかねない状況になっていたのです。結局、なんとかＺ製品は他社に奪われずに済みました。そしてＺ製品の改良版の受注につなげたのです。

さらに山田君は、Ａ社製造部長に１つ質問をしてみました。

現在海外から仕入れているＸ・Ｙ製品について、何か気になる点はないか聞いてみたのです。するとA社の製造部長は、不良品の数が多いこと、依頼が十分伝わらないこと、製品の到着まで時間がかかることを挙げました。

そこで、担当者は以下のことを提案しました。

●急ぎの案件は当社で引き受けることができること
●長年X・Y製品を作ってきたので、不良品が発生しにくいこと
●ある程度のロットがあれば、Z製品を含めて金額を下げることができること

その後、A社との取引は徐々に増えてきています。

X・Y製品については、すべてとまではいきませんが、3割ほどを依頼されるようになりました。そして、現在、新たに新製品であるW製品の作成に協力してもらいたいという話が来ています。

以上は、売上を得意先別・製品別に分類した結果です。あなたの会社もこのように売上を分析することで、既存の商品でも新たな売上増のきっかけになる可能性があるのです。

よく、売上を上げるには、新商品をつくり出すことと思い込んでしまいますが、まずは、既存商品の需要をしっかり把握するところから始めてください。

既存商品にまだまだ売上増の可能性があれば、新商品開発のためのコストや時間をかけずに済むのです。

経費削減あの手この手

経費削減方法は科目ごとに様々の方法がありますが、ここでは5つの経費の削減方法をお伝えします。

①地代家賃

会社の家賃は交渉によって変わります。まずは現在借りている賃貸借契約書を引っ張り出してみてください。保証金はいくら払っていますか。10カ月分くらい払っていませんか。解約するには6カ月前通知、そんなことが書かれていませんか。

図10　経費削減のいろいろな方法

❶地代家賃
保証金・解約通知などの見直し

❷広告宣伝費
安易に広告に飛びつかない（戦略立案＋効果検証がセット）

❸旅費交通費
ビジネスパック商品の積極利用
全社員旅費上限額一律化

❹水道光熱費
部署ごとに就業時間帯を変える

❺保険料
「契約者貸付」など保険の解約返戻金の貸付制度の利用

昨今、都心と言われる場所でも、空き室率は高まっています。特にあなたが入っているビルの空き室が増えていれば、交渉のチャンスです。オーナーとしては、これ以上の空き室を増やしたくないのです。家賃が入らないばかりでなく、空き室の多いビルは借り手も入りたがらなくなるからです。

今は借り手市場ですから、交渉しないという選択肢はありません。交渉がうまくいかなければ、安い物件への移転を考えればよいのです。次に借りるときは、賃貸借契約書をみて、保証金や解約などの条件を確認することを忘れずに。

ただし、顧客来店型の業態については立

地条件によって売上が左右されるので、常に安い物件がいいということではないということも、申し添えておきます。

余談になりますが、社長の中には銀座に事務所を構えるのが目標だという方も結構います。目標は目標でかまわないのですが、そこに会社としての戦略がないのでは、賛成できません。

そんなとき、私はこう言います。

「隣の新橋（ビジネスマンの街）じゃ、ダメなんですか」と。

ただの見栄だけで、会社の場所を決めてはいけません。

②広告宣伝費

広告宣伝費は、費用対効果がわかりにくい厄介な経費です。広告を見て、すぐに顧客になることは少ないからです。広告宣伝をしたその時は、あくまでも見込み客が増えただけなのです。

広告宣伝費を使うときは、その見込み客をどうやって顧客にするのか戦略を立てることが大事です。

「多くの人が知ってくれれば顧客が増える」と安易に考えるなら、それはムダな広告宣伝になりかねません。広告宣伝を行っているのであれば、必ずその広告宣伝が売上にどのくらい貢献しているのかを集計すること、そして、「顧客獲得には継続的に広告宣伝を行うことが必要」というだけで、赤字の垂れ流しという状況を続けないこと。

何もネット、新聞、ＤＭ、チラシだけが広告宣伝ではありません。結局、一番費用対効果の高い広告宣伝は、顧客の紹介や口コミ、なんていうことはよくあることです。

ちなみに私のクライアントは、ほとんどご紹介です。

③旅費交通費

今や国内出張は、新幹線だって、ホテル代だって、かなりの低価格です。新幹線＋ホテル代を合わせたビジネスパック商品やビジネスホテルの法人契約など、各種さまざまな割引を行っているので、活用してください。こういうことを調べるのが得意な社員がきっといるはずです。

今では、ＬＣＣ（格安航空会社）の参入で、航空運賃も安くなりました。効率化や独自の料金設定でここまで安くできる業界だったのか、と思う今日この頃です（ただ、座席はかなり狭いので、ふくよかな方は気をつけてくださいね）。これらの方法を使うと、かなり旅費交通費は下がります。

それと、就業規則があるところは旅費規程があると思いますが、宿泊費について、役員と社員では、上限金額が違うところも多いのではないでしょうか。ここは思い切って、役員も社員も一律の上限金額に旅費規定を変更してしまいましょう。

国内においては前記のような格安料金を設定しているビジネスホテルも多いので、この上限金額はかなり低く設定してもかまわないでしょう。

ここも余談ですが、あまり安いホテルに泊まると、見えないモノが見えてしまったり、自分以外の気配を感じる、なんてこともあるようですから、気をつけてホテル選びをしてください。今ホテルでこの原稿を書いていますが、天井のシミが何か人の顔に……。

④水道光熱費

2011年3月11日に東日本大震災が発生し、原子力発電所の事故が起こりました。そのため、東京電力管内では電力制限が必要となり、企業において節電対策が行われました。その節電によって、経費削減がこれほど効果が出ることに驚かれた経営者もいるのではないでしょうか。LED電球の活用や蛍光灯の間引き、サマータイム導入やエアコンのこまめな温度設定など、いろいろなことをされたと思います。

東京電力管内は、その後値上げをすることになりましたが、まだまだ対応方法はあります。残業の管理をしっかり行えば、残業代とともに電力量も抑えられます。パソコン・テレビ・電気ポット・冷蔵庫など、オフィス内ではいろいろ電気を使っているので節電はまだまだできるのです。

節電のために行ったサマータイムを、そのまま1年通して続けている企業もあります。このような企業は、出勤が早いので満員電車に乗らなくて済む、午前9時前は取引先からの電話がかかって来ないので仕事がはかどる、早寝早起きになって体調が良くなった、早く帰れるので子供との時間ができるなど、社内でも評判が良く、俗にいうワークライフバランスにつながったという効果が出ていたりします。

中小企業の場合、取引先に就業時間を合わせる必要があることから、サマータイムで逆に労働時間が増えてしまうということもあるので、ご注意ください。

ここは、労働管理の問題も絡んできますが、各部署での働き方を調べてみると、よりよい働き方（たとえば、部署やグループによって就業時間帯を変えてみることで待機時間を少なくするなど）が考えられるので、この節電を機に、労働管理について意識を変えてみるのもよいでしょう。

⑤保険料

会社を経営していると保険会社の知り合いも増えていきます。お付き合いでしていた保険商品が増えて、結構な保険料になっていることがあります。必要であれば問題ないですが、お付き合いで契約していると、大概保険内容が重複していきます。

保険は会社にとって、とても重要なものですが、契約する際には会社にとってメリットがあるものなのか、どこまで補償してくれているのかなど、複数の保険会社を比較して契約してください。比較をして保険を見つけてくれる会社もあります。

また、生命保険には契約者貸付といって、保険の解約返戻金の80～90％を貸し付ける制度があります。資金を必要としているが、保険を解約したくない場合、この契約者貸付を活用するとよいでしょう。

ここまで、利益計画の各項目を見てきました。

現状と将来像を把握して、売上増強・経費削減に活用してください。

今まで見えなかったものがきっと見えてくるでしょう。

3　経営理念もマーケティング理論もいらない

崇高な経営理念はいらない

計画書と言えば、まず経営理念を最初に書くものだと思い込んでいませんか？

そんなものをわざわざ作る必要はありません。無理して作ろうとすると、心のないものができ上がるだけです。「貢献・信頼・安心」という言葉が躍るのです。

経営理念を作る過程を楽しんだり、そうして作られた経営理念に満足していてはいけません。「経営理念作成セミナー」に行っている場合ではないのです、社長。

こういうセミナーは結構人気があるのですが、そんな社長は、完全にセミナー商法にはまっています（ここにクレドをくっつければ最強です）。

なぜこのようなセミナーに参加するかというと、会社が良くなっていくのではないかという高揚感と素敵な広告ができたような満足感、どこか自分探しのようなゲーム感覚、これが参加者を呼ぶのです。

しかし、そんなものが、金融円滑化法を活用している経営者に役立つでしょうか。資金繰りが悪化したのは、経営理念がないからだ、なんていうことはあり得ません。まず作らなければいけないのは、利益計画であり、資金繰り表です。先立つものはおカネなのです。

一般的に言われる事業計画書と経営改善計画書は違うものです。

創業融資などで作成する事業計画書は「無」から「有」をつくり出すものなので、あらゆる土台を網羅して作成しなければいけません。経営理念や役員構成、経歴などを一から詳細に書かなければいけませんが、経営改善計画書は「有」を「優」にするために作られるものですので、現状を踏まえた数字中心に作成していくことが必要になっていきます。

マーケティング用語はいらない

計画書を書くときに、マーケティング用語を使っても、はっきり言って金融機関にはピンときません。それでも、計画書というとこんな言葉が躍ります。

SWOT《スウオツト》分析・ファイブフォース分析・4Pなど……。

マーケティング用語は、本当にマーケティングに精通している人が使うものです。これらを本当に使いこなすには、相当の知識が必要です。

マーケティングを使いこなすには、『コトラー&ケラーのマーケティング・マネジメント』（フィリップ・コトラー、ケビン・レーンケラー／著、恩蔵直人、月谷真紀／訳、本体価格8500円・ピアソンエデュケーション刊）くらいは読んでおかないといけません。

確かに計画書の中にマーケティング手法を入れることは、不必要とは言いません。でも、どうも表面的でしっくりきません。もっと中小企業は単純に考えればよいのです。こんな資料を作成しても、金融機関から見れば、「それで、どうするの？」という感じです。

金融機関の担当者は、マーケティングに長けている人は少ないので、全く響かないです。正直、私も響きません。それよりも早く現実的で具体的な行動に移してください、という感じです。**理論より行動**なのです。

マーケティング用語を日本語で説明する

とは言うものの、マーケティング用語の内容は知っておいて損はありません。

実は、どんな企業も、マーケティングは行っています。意識していないだけです。横文字だからいけないのです。

それでは、日本語に訳して説明していきましょう。

【SWOT《スウォット》分析】

SWOT《スウォット》とは、**「Strength（自社の強み）」「Weakness（自社の弱み）」「Opportunity（市場の機会）」「Threat（市場の脅威）」**の頭文字をとったものです。「社内外の良いところ、悪いところを分析しましょう」ということです。

【ファイブフォース分析】

ファイブフォースとは、**「競合他社との敵対関係」「新規参入者の脅威」「代替品の脅威」「買い手の交渉力」「売り手の交渉力」の５つの力**のことです。文字通り「５つの力が自社にどのような影響を与えているかを分析しましょう」ということです。

【４Ｐ】

４Ｐとは、**「Product（製品）」「Price（価格）」「Place（流通）」「Promotion（販売促進）」の４つのＰのこと**です。「市場からより良い反応を引き出すために、４つのＰをどう効果的に組み合わせたらいいか分析しましょう」ということです。

その他にも、４Ｃ、ポジショニング、ＰＰＭなど、いろいろなマーケティングツールがあります。はまりそうですか。

しかし何度も言うように中小企業は、マーケティングありきではなく、財務改善をしながら、自社に合ったマーケティングの仕組みを泥臭くつかんでいくことの方が大事です。マーケティングとは、それらを体系的にまとめたものなのですから。

実は、この本の中には、SWOT分析も、ファイブフォース分析も、4Pも、直接的間接的に書かれています。この本を読み終えたときには、マーケティング用語は知らなくても、マーケティングについての知識が深まっているはずです。

本当はいくら稼ぎたいのですか？

何事も話を難しく考えてしまう社長はいませんか。こんな目標は無理だと最初からあきらめている社長はいませんか。

もっと、単純に考えてください。

要は、いくら稼ぎたいのか、損益計算書の末尾、当期純利益にいくら残っていてほしいのか。それが計画書の数字と結びつくのです。

あなたは自分の会社は赤字でもいいとか、トントンでいいと、本当に思っていますか。利益が１０００万円あれば、延滞していた借入金も返済できるし、給与もしっかり払えると思ったら、それがあなたの目標です。

トントンでいいなんて思っていたら、トントンにもならない。やる前から自分にリミットをかけてはいけません。

この本の売上部数を例にとりましょう。

このような読者が限定されている専門書は５０００部売れればよい方だと言われていますが、ここで５０００部を目標としてはいけないのです。少なくとも１万部にするのです。そうすると考え方が変わってきます。１万部売るとなると、一筋縄ではいきません。何か仕掛けを作らなければ、買ってもらえない。

では、どうするかと考えます。それが大事なんです。

渋谷上空から大金持ち気分でこの本をばら撒いてみるとか、通信販売みたいに、同じ本をもう１冊プレゼントとか、いろいろなアイディアを考える。そのうち、現実的な方法がいくつか出てくるわけです。

もちろん私も、この本ができるだけ売れるように仕掛けを施しています。株式会社ササエルのホームページ http://sasal.jp/ をご覧になると、その仕掛けの一部がわかるかもしれません。

あなたの会社もそうです。目標利益に到達するためには、トントンでよければ、トントンなりの動きしかしません。目標利益を1000万円に設定したなら、今までと同じやり方では達成できないと思うわけです。そうすれば、売上を上げるために、どう営業すればよいかなど、いろいろ考えます。

その事例をご紹介しましょう。
ある会社に、優秀営業マンとダメ営業マンがいました。優秀営業マンは、遅くまで翌日のお客様の資料作り。ダメ営業マンは、ノルマを達成できず、遅くまで外回り。会社は、金融円滑化法により返済猶予を受けていました。このままでは、経営改善計画書通りの進捗が難しくなってしまいます。

社長は悩みました。利益を生み出せないダメ営業マンを解雇するべきか……。そうすれば経費は削減できる一方で、仕事が残った営業マンへの負荷になってしまい、顧客のサポートが疎かになります。かと言って、優秀営業マンを新たに雇用する余裕もありません。

そのとき、社長はひらめきました。優秀営業マンは営業に専念させ、ダメ営業マンは営業サポート部隊として、資料作りや顧客の情報収集をさせ、営業を主としないということに！　そして時折、優秀営業マンに同行させることにしたのです。

ダメ営業マンは世話好きタイプが多く、サポートが得意です。一方、優秀営業マンは、営業センスと度胸はあるものの、資料作りなどの細かい作業が得意ではありません。

作業を分担し、お互いの得意・不得意分野を補い合ったことで残業も減り、思わぬ経費削減に。ダメ営業マンも優秀営業マンに同行することで、顧客獲得のノウハウを学ぶことができました。まさにＯＪＴ。社員育成にもつながったのです。やがてダメ営業マンは、プチ優秀営業マンへ成長しました。

利益目標を達成させるためにはどうしたらよいかをいろいろ考えたどり着いた事例です。

追い込まれると、いろいろなアイディアが浮かんだり、行動を起こすことで思わぬ展開が生まれます。すべては、**社長が利益目標を明確にしたことから効果が生まれたのです。**

4 身の丈にあった計画書を書く

金融機関に楽観的シナリオはいらない

経営改善計画書の利益計画を作成するときには、**現実的シナリオ、楽観的シナリオ、悲観的シナリオの3種類を意識して作成します。**

「おそらくこうなるかな」という現実的な状況に基づいて作られたものが現実的シナリオ、「たまたま景気がよくなった」という外部要因を加味して作ったのが楽観的シナリオ、「商売、そんなに甘くない」という最悪な状況を想定しているのが悲観的シナリオと考えると

図11　経営改善計画書の利益計画を作るときのコツ

①「現実的シナリオ」
②「楽観的シナリオ」　この3つを作る
③「悲観的シナリオ」

①現実的シナリオ
実現可能かどうかを判断する金融機関で提示する用として作成する

②楽観的シナリオ
社内目標用に活用する⇒楽観的な目標をもとに高い目標を設定すると、クリアできるようになる！

③悲観的シナリオ
最悪の状態を早めに把握するために活用する⇒危機の予兆に対し、迅速に対応策を考えることができる！

わかりやすいでしょう。

金融機関は、実現可能な経営改善計画書を求めていますので、現実的シナリオを軸にした計画書を提出してください。

そして楽観的シナリオについては、社内目標用に活用してください。

金融機関用の現実的シナリオを軸とした計画書と同じものを社内目標用に使っていては、その目標は達成しません。

社内用には楽観的シナリオを使った計画書をもとに高い目標を設定することで、金融機関に提出した現実的な計画をクリアすることができるのです。

営業マンは、「こんな高い目標クリアできない」「現実的でないので部下のやる気を削ぐ」といった諦めとも愚痴とも不満ともとれる発言をしますが、気にしないでください。ここに会社復活の固定観念を打ち破るヒントがあるのです。

ちなみに、経営計画書に、金融機関用と社内目標用の２種類があっても二重帳簿にはなりませんから、ご安心ください。

会社を復活させるシナリオ

金融円滑化法の適用を受けている中小企業にとって、将来の見通しは明るくありません。現状のまま経営改善計画書を作成すると、悲観的シナリオが現実のものとなります。

その悲観的シナリオを上に引き上げて光明を見つけ出すシナリオ、この会社を復活させるシナリオこそ「経営改善計画書」なのです。

経営改善計画書は、金融機関に条件変更してもらうためだけに作るのではありません。あなたの会社を復活させる「羅針盤」としての意味合いもあるのです。

その前提を意識していないために、その場限りのいい加減な経営改善計画書になってしまいます。いい加減な計画書にならないためにも、経営改善計画書、特に利益計画の経営課題とその改善策、この２つが大切になってくるのです。

経営課題とそれに対する改善策が見える計画書を！

あなたの会社では、利益計画を作成するうえで、これまでうまくいかなかった問題を客観的に探っていますか。

利益計画を立てるうえで何より大切なのは、「現状認識」です。あなたの会社では、売上を達成できていない原因がどこにあるのか、探っていますか。

大幅な値下げをしてしまっていないか？　得意先が減少していないか？　仕入価格の高騰や人件費の削減、無駄遣いなど、経費削減を達成するために問題となることはないか、１つずつ挙げていきましょう。

一通り出そろったら、その課題に対する改善策を考えていきましょう。

たとえば……

・大幅な値下げや得意先の減少→新規取引先の開拓、商品の付加価値を提供
・仕入価格の高騰→仕入先を変更、または1つの仕入先に集約しコストを下げる
・人件費の削減→役員報酬カット、社員が残業しなくて済む方法を考える
・経費の無駄遣い→提出する書類などに用途を細かく書いてもらい、管理する

経営課題と改善策を記載することで、現実性が高まり、金融機関の納得度も高まります。

ちなみに、会社の経営がうまくいっていない社長ほど、経営不振の理由を「国の景気対策が進んでいないからだ」とか「業界自体が不景気だからだ」といったように外部を非難したりします。景気のせいにしても会社は何も変わりません。これでは、景気の回復を待っているうちに、会社が潰れてしまいます。

また、社員が怠けて働かないという課題に対し、単にテキパキ働く社員を雇用するという道を選んで解決しようとする会社もあります。自社の労働環境に問題があるのではないかと1ミリも疑わないまま、「怠けるのは社員の能力のせいだ」としてしまうと、雇用と

解雇を繰り返す「離職率の高い会社」になってしまいます。
まずは、なぜ社員が怠けてしまうのか、原因を考えましょう。
社員にアンケートを取るのも有効な方法です。案外近くに原因があるかもしれません。

5　計画通りに実行する方法

計画よりも努力した実績で評価される

あるとき、金融機関の返済が負担になり、これ以上融資はできないと断られた会社がありました。仮にA社としましょう。

金融円滑化法を活用して返済猶予をしてもらうため、A社は経営改善計画書を作成し、金融機関に提出しました。

これ以上融資できないと考えていた金融機関は、しぶしぶ了承して6カ月だけ返済を猶予してくれました。社長も借入返済のたびに資金繰りに苦慮していましたから、6カ月といえど、ほっと一息。しかし、返済猶予から6カ月後、社長は「延長された」ということに安心し、結局これといった経営改善のための行動を起こすこともせず、返済猶予の再延長の依頼を金融機関に行ったのです。

金融機関からは「このままでは再延長はできません」と厳しい返事が返ってきました。コンサルタントからは、再延長も応じてくれるはずだと言われていたのに……。

勘違いしてほしくないのは、返済の猶予を与えられたからと言って、その間、何もしなくていいわけではないということです。金融機関は、返済猶予期間中、その会社がどれだけ改善するために努力できるかを見ているのです。

計画を立てること自体は難しくありません。しかし、計画を行動に移さない経営者が多いのも事実です。残念ながら、行動に移せなかった社長は、金融機関から「経営能力がない」というレッテルを張られてしまいました。結果、A社は自力で資金を返済することが困難になり、倒産の道を選ばざるを得なくなってしまったのです。

固定観念を打ち破るヒント

先ほど、高い目標に不満を言う営業社員がいる会社には固定観念を打ち破るヒントがあると書きました。その固定観念とは「売上至上主義」です。数値目標と言えば、「売上」と思いがちですが、違います。**数値目標は「利益」**です。

売上ばかりに固執する会社は、営業マンの発言力が強くなり、売上が上がっても、強引な手法での勧誘も多く、顧客とのトラブルもそれに伴って増え、対応に追われる他部署は増員、残業。さらに売上を上げるために営業マンの増員、残業。

こういう場合、人を増やしても利益がなかなか出ません。なぜなら、営業マンのために会社が動いてしまっているからです。こういう悪い仕組みは改善していかなければいけません。

利益を中心に考えれば、こういった発想にはなりません。売上を上げることの他に、経費を下げることが考えられるからです。

経理部は、経費削減方法を考えます。人事部は、効率的な人の使い方を考えます。開発部は、できるだけ工数を少なくすることはできないかを考えます。そして、営業部は、売上がすべてではないことを悟ります。

1000万円売り上げたとしても、その1000万円を経費に使われてしまっては、利益は残りません。利益が残らないだけならまだしも、赤字ということも実際にあるのです。利益を目標にすれば、各社員は改善のための自分の役割を見つけます。その役割に社員は使命感を感じます。そして自分がどう行動すればよいのかを考えるのです。それを個別に落とし込んだのがアクションプランなのです。

アクションプランを描く

アクションプランとは、5W1Hを明確にした計画のことです。つまり、**「どこの部署の誰が、何をどのようにして利益を上げ、その行動をいつまでにするか」という詳細**を記載します。

どれだけ経営課題を出して、改善策をうたったところで、それを実行するのは社員の力です。

前記のＡ社が結局計画だけ作成して実行できなかったのは、社員にまで落とし込んでいないからです。

そこまで詳細に落し込んでいれば、経営改善は実行できます。社長の本気度が試されているのです。本気で取り組まなければ、社員を説得することはできません。

会社が危機的な状況に陥っていても、今よりも厳しい条件で働かなければいけない可能性、さらには倒産する可能性だってあるのです。そんな中で社員に協力を求めるわけですから、本気の対応をしなければ、社員はモチベーションが下がったり、会社を辞めたりするでしょう。

ここが肝心なのです。

金融機関もアクションプランを作成しているということは、社員も合意の上で経営改善に取り組んでいると判断します。責任者、期限、より詳細な取組みを確認することで、金融機関は再延長にも応じてくれるでしょう。あとは実行あるのみです。

計画と実績を比較する

計画があれば実績があります。**利益計画と実績は必ず比較してください。**

目標をクリアしていればいいですが、クリアしていないこともあります。その場合、クリアしていない原因を探ってください。

その原因として、アクションプランの進捗が遅れていることが考えられます。進捗度合いを確認することで、翌月はクリアすることが可能になってきますので、進捗が遅れている原因を探り、どうすれば進捗が早まるか、対応策を練って改善してください。

また、目標をクリアしている場合であっても、油断してはいけません。

あなたの会社は金融機関から返済猶予を受けているのです。これを繰り返していかなければ、経営は改善しないのです。そして、再延長が承認されたとしても、今後も金融機関が応援してくれるように取り組んでいかなければいけません。このアクションプランが、あなたの会社に光明を見出すことができます。

アクションプランのない会社は、今すぐ作成してください。そして、それを実行し、会社を復活させてください。

あなたならできるはずです。

第5章

自力で資金繰りをよくしていく！　資金繰り表の作り方

1 今の会社の資金繰りの現状を知る

資金調達を重視する悪い癖

お金のない中小企業には、表面的な解決を求めてしまい、根本的な解決をしようとしない、あるいは気づいていないというパターンが多く見られます。

資金が不足したときは、「なぜ、お金が足りなくなったのか」ではなく、「お金が足りなくなるから、その分を金融機関から融資してもらおう」。つまり、「お金が足りなくなるのは当たり前」という発想なのです。こういう会社の社長は「お金が足りないのは金融機関が貸してくれないからだ。貸し渋りだ」と言うのです。

私のところにも、「メインバンクから融資を断られたので、新しい金融機関を紹介してほしい」という依頼をいただくことがあります。そんな状態で金融機関を紹介しても断られるだけですから、まずはその考え方を改めましょう。もう一度、自分の会社の財務状況を見直すところから始めなければ、いつになっても資金が不足し、ギリギリの経営から抜け出せません。

財務改善をせず、ただ借りたお金で会社を回していくと、そのうち借入返済のために新たにお金を借りていくという悪循環になります。金融機関を活用するのはかまわないのですが、結局自分の首を絞めるような活用の仕方はいけません。

中小企業の経営者は、自ら融資の連帯保証人になっています。借入総額が多くなれば多くなるほどどんどんリスクが膨らんでいるのですが、感覚がマヒしてしまっていて、２億円、３億円……と借入が膨らんでいっても何も感じなくなっていきます。業績が上がっているならともかく、その見込みもない状態で、借入総額が増え続けているのです。これでは、日本国債状態です。どんどん債務が膨らんで、いつ爆発するかわからない……末恐ろしいことです。

経営改善・財務改善は、どんな優良企業でも、常に行っています。いいえ、逆ですね。常に改善している会社が優良企業と呼ばれるようになったのです。今からでも遅くありません。財務内容を改善して、優良企業を目指しましょう。

決算書は数字遊び

決算書を見ても会社の財務内容はわかりません。どういうことかわかりますか?

それは決算書が真実をそのまま映し出しているとは言えないということです。

多くの会社は、決算対策をしながら決算の調整をしています。儲かれば節税対策をしているでしょう。やりすぎは問題ですが、適度な節税ならばもちろん問題はありません。

問題は儲からない赤字会社です。利益を出すために黒字対策を施します。それが粉飾決算になっていきます。

儲かろうが儲かるまいが、やろうと思えば決算書は数字を変えることが可能であることは理解していただけるでしょう。

特に黒字対策をしている会社は、融資をしてもらうことにこだわるあまりに、決算書をよく見せる工作ばかりしてしまいます。これでは、根本的な解決にはなりません。

一時的な延命にはなりますが、実質的な赤字を改善せず融資を受け続けるため、資金が不足します。そうならないために、延命しているうちに財務改善対策をどんどん実行していくことが必要なのです。

金融円滑化法は、まさに延命のための法律でした。資金調達ではありませんが、返済を猶予することによって、資金調達と同じ効果があります。「返済猶予を認めますから、その間に会社を立て直してください」ということで作られた法律です。結局、この法律を上手に活用して再生できた会社は少ないのが現状です。なぜなら、それは返済猶予を受けることがゴールになってしまったからです。表面的な解決は一時しのぎでしかありません。

真のゴールは会社の立て直しであり、財務の健全化です。

金融円滑化法による返済猶予が改善のチャンスと考え、できる限り改善を行って、本当の黒字決算を組むようにしてください。

では、真実を語るものは何でしょうか？　それは資金繰り表です。

資金繰りはウソをつかない

雨漏りをしている一軒の家がありました。その家は、雨が落ちる場所にタライを置いて、雨漏りをしのいでいました。

最初はそれでも何とかしのげましたが、梅雨になり、毎日のように雨が降るようになりました。そのうち雨漏りの箇所が増えていきました。タライの数も増えていきました。家の中は湿気でカビが生えてきました。その家の住人も、不衛生な環境で健康を害してしまいました。さらには湿気を好むシロアリが大発生。この家はもう誰も住めなくなりました。

さて、なぜこの家は、誰も住めなくなってしまったのでしょうか？

「そもそもの施工段階に問題があった！」……いいえ、違います。

どうすれば、家に住み続けられたのでしょうか？

「奮発して、大きなタライを買う！」…面白いですが、違います。

正解は、「雨漏りをしている場所をできるだけ迅速に特定して、できるだけ迅速に塞ぐ」です。

これは資金繰りが悪化する会社を説明するときに使う話です。

一時しのぎで返済猶予や借入（タライ）をしても、肝心の根本的な資金繰り（雨漏り）は改善しません。そのうち返済猶予の延長・再延長や追加融資（タライの増加）を行います。しかし、金融機関対策に明け暮れることで、本業への対応がおろそかになり、売上減少・トラブル増加（カビの増殖）が起こり、社員のモチベーションも下がり、欠勤・退職が相次ぎます（不衛生な環境・体調不良）。ついには業況悪化、あらゆる会社の問題があふれ出します（シロアリ大発生）。

根本的な対策をしなければ、負のスパイラルが起こり、誰にも止められません。では根本的な対策とは一体何かというと、資金繰りの改善です。お金さえあれば、会社は回ります。そして、資金繰り表は会社のありのままを映し出します。

今まで、金融機関だけに頼って資金繰りをしてきたのなら、それを止めましょう。それは「延命措置」でしかありません。自力でも資金を回せるようにしましょう。

金融機関からお金を借りてあげるくらいの会社にしなければいけないのです。

あなたの会社は、雨漏りしていませんか？

世の中は前金制へ

よく現金商売はうらやましいと言われます。

お金の流れを見れば、よくわかります。売り上げたらすぐに現金が入る。

多くの企業では、売上から入金までにはタイムラグがあります。しかし、飲食店では顧客はすぐに現金で払ってくれます。売上の早期回収になるので、資金繰りとしてはいいですね。

単価が高いと顧客は支払いができませんから、現金商売は単価が安いものが主です。

しかし、新手が出てきました。それは家電量販店です。

「現金で購入すれば、ポイント30％還元」となれば話は変わっていきます。これはただ単にリピート客を増やすことだけが目的ではありません。カードではなく、現金で支払う仕組みを作ることで、早期回収を図っているのです。

しかし、今やそんな現金商売にとどまりません。さらにそれを上回る前払制があることにお気づきでしょうか。**「電子マネー」**です。みなさんも使っているのではないでしょうか、そうＳｕｉｃａです。いやＩＣＯＣＡです。いやＴＯＩＣＡです。いやＳＵＧＯＣＡです。いやＫｉｔａｃａです。こんなところでよいでしょうか。とにかくみなさんは使う前からチャージをして支払いを終えているのです。

今では大手スーパーでも独自の電子マネーを活用しています（そこから個人の属性まで情報収集も行っています。余談ですが）。

大手企業がこのように現金重視の経営をしているのに、中小企業がしていないのはマズイと思いませんか。中小企業こそ現金を意識した経営をしなければ生き残っていけません。

ちなみに私はＰＡＳＭＯです。

「現金を大事にする」の意味

ここで、お金に関する名言（迷言？）をご紹介しましょう。

①「幸せはお金では買えない」（庶民代表作）
②「お金には安心が付いている」（著者作）
③「お金は裏切らない」（伝説のキャバ嬢作）

あなたは、このうちどれがピンときますか？

①「幸せはお金では買えない」

お金より「人」を大事にする方は、ここに当てはまります。多くの方がここに当てはまるのではないでしょうか。

「人」を大事にする人は、「お金」を一番大事にする人よりお金が貯まりません。
なぜならお金の優先順位が低いからです。

②「お金には安心が付いている」

お金がないのは不安ではありませんか。老後に不安を持つ大きな理由の１つはお金の不安です。年金がもらえるかが不安で憂鬱になるのは、お金がない自分を想像してしまうからです。若い世代から将来の年金に不安を感じているという言葉が出る時代です（私はすでに老後を考えている若い世代が不安ですが）。

ということは、お金には安心が付与されていると言えるのではないでしょうか。

③「お金は裏切らない」

この言葉に衝撃を受けた人も多いのではないでしょうか？　間違いではないですよね。
「人」は裏切るけど「お金」は裏切らない。だから「お金」の方が大事。
こういった考えを嫌がる人はいますが、「お金」が一番大事だと思っている人は、人もうらやむお金持ちが多いです。なぜなら、「お金」の優先順位が高いからです。

価値観は人それぞれです。批判してもあまり意味がありません。

しかし、確信をもって言えることが1つあります。

これといった問題がないにもかかわらず資金繰りに悩んでいる人は、今まで「お金」を大事にしていなかった、ということです。

ですからそういう人は、お金の優先順位を上げましょう。そして、お金と真剣に向き合ってみてください。

2 資金繰り表を作成してみる

「現金」で考える

資金繰りの本題に入ります。

「売上・費用」と「収支・支出」の大きな違いは何でしょうか？

〈回答〉

売上と費用…発生したときに計上する。また、損益計算書で使う。

収入と支出…現預金を入出金したときに計上する。また、資金繰り表で使う。


例を使うと簡単に理解できます。

10月に仕入先へ100円の商品Aを発注しました（ここで費用発生！）。

11月に商品Aの代金を支払いました（ここで現預金出金！）。

11月中に商品Aを得意先へ120円で販売することができました（ここで売上発生！）。

12月に商品Aの代金120円を受け取りました（ここで現預金入金！）。

10月　損益計算書…0円（売上）－100円（費用）＝▲100円（利益）
　　　資金繰り表…0円（収入）－0円（支出）＝0円（収支）
11月　損益計算書…120円（売上）－0円（費用）＝120円（利益）
　　　資金繰り表…0円（収入）－100円（支出）＝▲100円（収支）
12月　損益計算書…0円（売上）－0円（費用）＝0円（利益）
　　　資金繰り表…120円（収入）－0円（支出）＝120円（収支）

これで「売上・費用」「収入・支出」の違い、そして、「損益計算書と資金繰り表」の違いをおわかりいただけたでしょうか。

10月では利益がマイナスですが、現預金は動いていないので、収支は変わりません。

逆に11月では利益がプラスですが、収支は仕入の支払いでマイナスです。

今回の例は▲１００円ですが、企業活動ではこれが▲１００万円、▲１０００万円の現預金が不足することになります。そこで金融機関などから資金調達が必要になります。

そして12月にようやく現預金が入金されました。しかし12月は利益が出ていません。

今回の例はすぐに商品が売れたのでよかったですが、なかなか売れないときは、商品が現金化されるまで、もっと時間がかかります。それが資金繰りの悪化の原因になります。

結局、企業が厳しい状態に立たされるのはお金が足りなくなるとき、つまり、お金の支払額がお金の受取額よりも多くなるときだということです。そのため、できるだけ入金は早く、出金は遅く、お金のストックを持っておくということがセオリーになります。

【今の世も弱肉強食という話】

精密機器の部品を作っている中小企業があります。仮に、ブラキオ社としましょう。

ある日、ブラキオ社に大手企業ティラノ社から発注の依頼が来ました。社長も大喜び。ものすごい数の発注です。

しかし、単価を見てみると、他の得意先企業の半値以下です。社長は、数をこなせばなんとかやりくりできる、と思っていました。

ところが、実情は違いました。

もともと細々とやっていたブラキオ社に大量の発注がきたわけですから、発注をこなすだけで精一杯。深夜労働、新たな雇用、設備の導入をして、金融機関からも資金調達をしました。

しかし、大手企業ティラノ社からの売上入金は3カ月後。支払いだけが先行していきます。ティラノ社に入金を早めてもらいたいものの、言い出せません。

そんなことを言ったら取引を切られて、仕事を他に持っていかれてしまいます。まさに弱肉強食の世界。社員も雇用し、設備も導入。もう後戻りはできないのです。

得意先に大手企業を抱えている企業はおわかりだと思いますが、大手企業が支払ってくれるのは、売上の3カ月後というのは当たり前です。

しかし中小企業は、仕入先に対して翌月には支払いをします。そうすると入金と出金が早くて3カ月間、空いてしまうのです（4カ月空いてしまうこともザラです）。当然、資金繰りは厳しくなります。設備も導入しているので、もう後戻りはできません。

大企業と付き合うのも一長一短あるのです。

そもそも資金繰り表とは何か？

資金繰りとは、お金の流れです。

資金繰り表は、そのお金の流れを一覧にした表です。

損益計算書では、1年間の「収益」と「費用」で利益がどのくらい出るかがわかります。

試算表では、1カ月毎の「収益」と「費用」で利益がどのくらい出るかがわかります。

資金繰り表では、最低でも1カ月毎の「収入」と「支出」で、収支がどのくらいになるかがわかります。

資金繰り表は、会社にいくらお金が残っているかを知ることができる、不可欠な表です。損益計算書や試算表は過去の結果しか表しませんが、資金繰り表は過去から未来まで見ることができます。

この未来に向けた現金の動きを予測するところが、資金繰り表の重要なところです。現預金の残高が今後どうなっていくかがわからなければ、不安です。

資金繰り表は社長のお金の不安を解消するツールなのです。

資金繰り表には、「月次資金繰り表」と「日次資金繰り表」があります。

（この本の中で資金繰り表と書いている場合は月次資金繰り表のことで、日繰り表と書いている場合は日次資金繰り表のことです）。

では、どんな表を用いたらよいのでしょうか。

私が実際に仕事用として使っていたプロ仕様の資金繰り表を巻末につけましたので、参考になさってください。

もともとこの本を書くきっかけは「中小企業のために何かできないか」というところか

らスタートしているので、大公開します。自社の資金繰りを改善したいという方は、株式会社ササエルのホームページにある特設ページからもダウンロードできます。**http://sasal.jp/tokuten** どんどんダウンロードしてください。

さて、資金繰り表ですが、これは決まった形があるわけではありません。私の会社でも、どうすれば見やすい資金繰り表を作成できるか、試行錯誤を重ねてきました。そうして作った資金繰り表ですから、多くの業種で活用できます。

それでは早速、見ていきましょう。

資金繰り表と行ったり来たりしながら見てください。

4つの収支をマスターする

資金繰り表には4つの収支があります。

「営業収支」「経常収支」「設備収支」「財務収支」です。

「営業収支（B）」は、本業でどのくらいお金を残すことができたかを表しています。

損益計算書でいうところの売上総利益に近い概念ですが、資金繰り表では現預金の収支でみるので、「営業収支（B）」はマイナスになる月も出てきます。（ここがマイナスになるということは、月によって売上や仕入の振れ幅が大きくなっている可能性があります）。あまり良い傾向ではありませんが、入出金のずれによっては、こういうことが起こる場合があります。それは「経常収支（D）」でも同じことが言えます。

「営業収支（B）」の下の欄に、「差引過不足（C）」という欄があります。これは「前月繰越残高（A）」から「営業収支（B）」を引いた額です。ここがマイナスになっていればとても危険な状態です。何らかの資金調達を考えなければ、資金不足であるという状態です。

「経常収支（D）」は、本業以外のもの、経常的に発生するものすべてを含めてどのくらいお金を残すことができたかを表しています。損益計算書でいうところの経常利益に近い概念です。ここでは、経費の支払いに問題や異常がないか、確認してください。

「営業収支（B）」と「経常収支（D）」に記載されている収入・支出の科目を1つにまと

めても構いません。

本表では、本業ではどのくらい現預金が出ているのか、経常的にはどのくらい現預金が出ているのかを別々に把握することでより資金繰り状況を明確にするため、それぞれを区別した収支にしています。

この表を利用して、「会社専用の資金繰り表」を作ってください。

「設備収支（F）」は、建物や機械、車両などの固定資産の売却や購入などの収支を表しています。

それほど頻繁に出るものではありませんが、金額が大きいので、要注意の項目です。

設備を購入しても損益計算書には、記載されません（貸借対照表の資産に計上されます）。購入すれば当然現預金が出ていきますし、売却すれば現預金が入っていきます。

その流れが記載されています。

「財務収支（H）」では、資金調達とその返済を表した収支を表しています。

「差引過不足（G）」でマイナスになっている企業は、何らかの方法で資金調達をしなくてはいけません。借入金、定期預金の取り崩しなどをして資金を調達します。

もちろん借入をすれば、返済をしなければいけません。そのような損益計算書には表れない、現預金の流れもここに記載します。

この資金繰り表を見れば、どうしてお金が足りなくなるのか、どうやって資金調達をするかが一目瞭然です。資金繰り表を作成したら、必ず「計画」と「実績」を比較してください。なぜお金が足りなくなるのかが、これでわかるようになります。

それではこれから、資金繰り表の威力をお見せしましょう。

なぜ毎月お金が足りなくなるのか?

そして、どうやってお金を増やせばよいのか?

資金繰り表を細かく見ていこう

資金繰り表をもう一度、よく見てください。

資金繰り表が「営業収支」「経常収支」「設備収支」「財務収支」の4つに分かれている

ことは、理解していただけたと思います。この４つの収支の中にはいろいろな項目が入っています。すべて、現預金の入出金に関わる項目です。

これを１つずつ検証することで、会社の資金繰りのどこに問題があるかがわかります。

この章を読み終えれば、あなたは資金繰りマスターに一歩近づくことができます。

それでは資金繰り表の項目を上から順に見ていき、「お金が足りなくなる原因」と「その解消方法」をお伝えします。

早期回収を徹底する

【営業収支】収入…売掛金回収

営業の売掛金入金が少ない場合、その原因は、売上がそもそも低すぎるか、それとも回収が遅いか、が考えられます。

売上がそもそも低いのであれば、営業にテコ入れをしなければいけませんが、すぐに効果は出ません。営業手法の問題、商品の問題、営業マンの問題など、改善して売上を上げていくまでには、早くても3〜6カ月かかります（効果までには少し時間がかかりますが、必ず取り組んでください）。

即効性から言えば、早期回収です。中小企業の中には、当初の取り決めがいい加減で、売上の入金が45日や2カ月ということもあります。相手が一律にそのようにしているなら別ですが、これは1カ月後入金にしてもらいましょう。

また、回収条件は変わらないのに、回収のチェックを怠っていて、回収されないまま期日が経過している場合もあります。

回収のだらしない会社は、支払日が過ぎても、全く得意先に連絡をしません。

1カ月経って次の請求書を作るときにようやく判明するところもあります。

これは**回収管理者や回収フローがしっかり決まっていないという問題があります。**

経理が入金管理しているならば、当月入金分が入金されていない場合は、すぐに営業に連絡して回収を促してください。

営業は売掛金を回収するまでが営業の仕事です。営業マンには回収まで責任を持たせなくてはいけません。営業は契約を取ってくるのが仕事で、回収なんてやっている余裕がないという会社は、早晩売掛金の未回収が発生します（もちろんしっかりした回収部門を持っている会社は別ですが、回収が遅れている時点で、そういった部門がないということが言えます）。

特に売上に対してインセンティブを支払っている企業は、回収までしっかり見届けなければいけません。回収できていないのにインセンティブを支払っている企業というのは、意外と多いのです。

また、得意先からの入金が遅れているのは、ただ単純に忘れているか、資金繰りに行き詰まっているか、何らかの不満をあなたの会社に抱いているかのいずれかです。

得意先が単純に忘れているようであれば、まだ救いようはありますが、資金繰りに行き詰まっている場合に何の連絡もしないようであれば、得意先は、ここは遅れても大丈夫だと足元を見られ、支払いの優先順位が下がります。

つまり、得意先がある程度払える場合でも、他の支払先より後回しになる可能性があるということです。

また、何らかの不満を抱いている場合は、得意先は連絡を待っている状態です。それを無視している状態にしているわけですから、大事な顧客をなくすことになりかねません。
売上の入金状況だけを見ても、これだけのことを検証することができるのです。

手形をもらってはいけない

【営業収支】収入…受取手形割引

手形回収が多いことはとても危険です。手形を持っているということはお金にはなっていないのですから、まだ回収していないのと同じです。

手形を割引けばよいと思っているかもしれませんが、当然金融機関の審査が必要ですし、信用のない手形振出人であれば、割引をしてくれないこともあります。

割引をしてくれない状態は、自分の会社の信用力がなくなっているか、振出先が信用のない会社かです。そう考えると、手形は結構面倒な代物なのです。

早期回収を図るために、そして、回収リスク回避のために、**得意先に手形をやめてもらう交渉も視野に入れましょう。** その代わりに、実際の手形金額より金額を割引くことを提案してみてください。そして早期回収に努めてください。

特に**裏書手形の場合、どういった会社から振り出された手形か判明していない場合はとても危険です。**

私が金融機関で働いていたとき、手形の裏書欄に書ききれず、さらに紙を貼って、10社ぐらい裏書をしていた手形がありました。こんな手形は誰が見ても危ない手形です。

とにかく、早く現金にすることを意識すれば、手形ほど不必要なものはありません。

それでは、早期交渉はどのように行えばよいのでしょうか。

早期回収をお願いする方が、立場は弱いのが通常です。

相手の立場からすれば、早期に回収されるということは、相手側の資金繰りを悪くするわけですし、相手としては、無理をして今までの支払条件を変える必要もないわけです。

相手から譲歩を引き出すわけですから、相手を尊重せずして、早期回収の交渉はうまくいきません。

自分の条件ばかり話さないようにしましょう。相手のことを考えないあなたの身勝手な言動が、相手をどんどん頑なにしてしまうのです。

社長というのは資金繰りに苦しんできた経験のある人も多いため、社長同士で話をしていると、理解を示してくれることも多いです。

ただそのためには、社長が率先して取引先を定期訪問するなど、日頃から信頼関係を築いておくことが重要です。日々の積み重ねが、いざというときの保険になるわけです。

また実際に早期回収のお願いをするときには、相手方は何らかのメリットを求めることがあります。それは料金面であることが多いです。どれだけ値引いてくれるのか、ということです。背に腹は代えられない状況であっても、ここは冷静に対応しなくてはいけません。

10％くらいまで値引きができる場合、自らの立場の弱さから、20％値引きます、という人がいますが、絶対にやめてください。結果として資金繰りを悪化させてしまう原因になってしまいます。

ここは交渉です。10％なら何とか、というのもダメです。もっと下からスタートしてください。この場合、3％くらいから始めてください。

最終的には3～5％くらいの値引きで落ち着くようになるでしょう。

また相手を巻き込んでしまうという方法もあります。

「今後、資金繰り改善を促進していきたいのだけれども、何かよい方法はありませんか」と聞いてみるのです。

意見を求められることに対して相手の社長は、悪い気はしません。

多くの社長は、自分の経験を語りたいと潜在的に思っています。

こうやって資金繰り改善に自然と協力してもらうという手もあります。

買掛金の支払いを長〜くするのも考えもの

【営業収支】支出…買掛金支払
それでは「買掛金支払」は「売掛金回収」の反対の行動、支払いを先延ばしすればよいのでしょうか。
当月払があるのであれば、改めてもらうべきでしょう。**少なくとも仕入の翌月末にまで延ばしてもらいましょう。**

現金払いや前払いもできるだけ避けるべきです。

ただ、支払サイトがすでに1カ月後なのに、45日後や2カ月後にしてくれるよう依頼するとなると、資金繰りが悪化しているのではないかと疑われても仕方がないでしょう。

実際に資金繰りが悪化した企業は、仕入先に支払サイトを一定期間長くしてもらえるよう依頼します。

その状態が正常化せずにさらに何カ月も続いたり、さらにサイトの長期化を求めると、仕入先も警戒します。

「払えないんだからしょうがない」という声も聞こえてきそうですが、開き直って何もしない、それではダメです。

このままいくと、前払いや担保、保証人を求められたり、それができない場合、取引停止にすると脅されることもあります。

もちろん正常化するためにできる限り努力することが前提ですが、いつ強硬な態度をとってくるかわかりません。そのために次の手を打っておきましょう。

最悪の場合も想定して、違う仕入先を探しておいてください。契約を切られてしまうと、本業に直に打撃を与えます。ダメージを受ける前に、常に先手を打ってください。

支払手形は効果的か？

【営業収支】支出…支払手形決済

支払手形を切れば、確かに支払いを遅くすることができます。

しかし、すでに切ってしまった支払手形は、市中に出てしまっています。

一度振り出したら取り戻すことは困難です。決済期日にお金が足りない、と思っても、期日には引き落とされてしまいます。期日にお金がなければ、自動的に不渡りになってしまいます。支払手形にはそういう危険性をはらんでいるのです。

たとえお金があったとしても、支払手形の期日を忘れて海外旅行に行っているうちに、引落不能になって不渡りになっているなんてこともあるのです。笑い話にもなりません。

手形は受け取ってもダメ、振り出してもダメ。そう考えてください。

たとえば、A社が仕入先B社に60日後払いの支払手形を切ったとします。

60日後であっても、B社は金融機関に割引すれば、お金は入ってきます。

ですから、支払手形を切れば、A社は返済期日をある程度遅くすることが可能なのです。

しかし手形を割り引いた場合、その手形はもうB社の手元にはありません。金融機関のものです。

60日後払い、A社が資金不足になって、B社に手形のジャンプ（手形の決済の先延ばし）をお願いしても、すでにB社には手形はないのです。

このように、資金管理ができていない企業が支払手形を切ってしまうと、不渡りを起こしてしまうことになります。

それでは、どのようにすればよいでしょうか。

これを60日後払の買掛金へと変更をお願いするのです。

言うは易し行うは難し、と思うかもしれませんが、あなたの会社が、仕入先にとって大事な取引先であれば、変更にも対応してくれるでしょう。

あなたからもらった手形を割引している企業であれば、一部は手形で残りは買掛にするという形で段階的に買掛金の割合を増やしていくことも、1つの方法です。

手形をなくすことで事務コストの軽減、印紙代の削減などの効果もあります。支払手形の決済で慌てている会社は、このような試みが必要でしょう。

経常収支については、前章で述べた販管費に関する取組みを行うことで資金繰りは改善できますので、ここでは割愛します。

設備は利益を生むのか？

【設備収支】支出…設備購入

設備（機械など）はそれだけですぐお金を生むものではありません。お金を生むまでには、時間がかかります。もしかしたら売上を生まないかもしれません。売上を生んでも、利益は生まないかもしれません。しかし設備の購入は売上より先に発生するので、支払いは先行します。それもかなり大きな額です。

本当に必要な設備なのかどうか、熟慮の上、設備を購入してください。

設備の購入は資産ですから、損益計算書には「減価償却」という形でしか、経費として出てきません（売却や減損は別）。

そのため利益が出ているのに購入費用などで現金が足らなくなったりします。借入で賄っても、すべて購入費用に充てられるため、運転資金には充てられません。設備で借入した後、すぐに新たな運転資金として借入をすることに、金融機関も慎重になります。

設備投資を考えている企業は、設備計画を綿密に練り上げてください。

設備投資の失敗は、金額が大きいので、資金繰りを一気に厳しくします。

設備投資の縮小、中止、リース対応なども考えてください。

この資金繰り表があれば、そういった設備投資の有無に冷静な判断を下す1つの指標として、活用することができます。

「借入金返済」をお忘れなく！

【財務収支】支出…借入返済

借りることばかりに囚われて、返済を忘れてしまうのか、嫌なものは目に入らないのか、借入の返済に関しては、結構無頓着な中小企業の社長が多いのも事実です。

融資ができてホッとするのはわかります。しかし、安穏としてはいられません。中小企業の中には、借入の返済額が重くのしかかっている会社も多いのです。

それが金融円滑化法の施行につながったわけですが、たとえ融資が１０００万円下りても、毎月の返済額が５００万円であれば、この借入は2カ月分の返済で消えてしまうということになります。

資金繰り表がないと、なかなか数字が入ってきません。

一方、資金繰り表があれば、毎月の返済をしたらお金がどのくらい残るのか、ひと目でわかります。

借りた時点で返済のことを忘れてしまう社長の皆さん。絶対に忘れないでください、「借入金返済」のこと。おっと、忘れちゃいけない、「税金納付」も。

「税金納付」も忘れるべからず！

【財務収支】支出…税金納付

決算日から2カ月後には、法人税や消費税の支払いがあります。特に消費税は、利益が出ていなくても納付をすることがあります。

しかし事前に消費税の支払額がわかっていれば、対策も立てやすいもの。

そのためのポイントは、**試算表を毎月しっかり作成すること**です。

試算表には決算書に出てこない勘定科目がありますが、何だと思いますか。

資産の部にある**「仮払消費税」**、そして負債の部にある**「仮受消費税」**です。

仮受消費税から仮払消費税を引いてみてください。その金額が、試算表作成月までの消費税の支払額の概算です。これがわかれば、だいたい年間でどのくらい消費税を支払わなければいけないかわかりますね。試算表の作成にはこんな効果もあるんです。

法人税の支払いもこの「財務収支」の欄に記載してください。

法人税について金融機関は、**「納税資金」**という名目で融資します。プロパー融資の手始めが納税資金というパターンは結構ありますので、プロパーへの足掛かりとしては、絶好の機会です。納税資金を融資してほしい旨を、金融機関に相談してみるとよいでしょう（プロパー融資とは、保証協会の保証を付けずに、金融機関が直接行う融資のことです。それだけ金融機関は融資に対してリスクを背負うことになるので、審査は厳しくなります）。

法人税の納付のための融資は、通常６カ月以内ですから、その間に返済していくことができます。

据置期間を設定すれば、１カ月目は返済をする必要はありません。据置期間を活用し、会社の状況に合わせ、資金繰りを上手く回していってください。

ちなみに消費税については残念ながら納税資金として融資されることはありません。消費税は預かっているものであって、企業が負担しているものではないからです。

以上、納税資金融資の豆知識でした。

そして税金で忘れてしまいがちになるのが、**「中間納付」**です。

法人税や消費税を決算申告に合わせて納付している企業は中間納付があります（金額によります）。支払いを忘れ、突然税金の納付書が届き、予定していない支払いが発生、ということにならないように、資金繰り表にしっかり記載しておいてください。そうすればビックリすることはないでしょう。

中間納付をできる限り支払いたくない場合で、「期中はあまり売上が上がっていない、利益が出ていない」という会社は、仮決算を組んでみましょう。

仮決算を組んでみて、税務署から送られてきた納付書より低い金額に抑えられるのであれば、中間納付は金額を下げることができます。

申告期限まで放っておくと、納付書の金額で決定してしまうので、注意してください。

もし、税金が安くなるようでしたら、顧問税理士にお願いしてみてください（申告書作成分の報酬を税理士が請求するかどうか、請求する場合、いくらになるのかも確認しておいたほうがいいでしょう）。

資金繰り表にはこのように、中間納付を含めた「税金の支払い」をきちんと記載しておけば、忘れることもないでしょう。

資金繰り表の真骨頂「財務収支」

さてここまで、「営業収支」「経常収支」「設備収支」「財務収支」の説明をしてきましたが、最後にここを記載してください。

それは、「財務収支」の収入、つまり資金調達です。

「次月繰越残高（Ｉ）」の欄がマイナスになっていれば、資金が足りないということになりますので、何らかの形で資金調達をしなくてはいけません。

それが「金融機関からの融資」なのか、「定期預金の取り崩し」なのか、「出資」をしてもらうのか。それを「財務収支」の「収入」の欄に記載してください。

そしてこの資金繰り表を金融機関に持っていけば、いつ頃資金が必要なのかが金融機関もわかります。お互い、いつ頃資金が必要なのかがわかれば、自然に融資の話をすることができ、双方があわてずに前もってことを進めることができるのです。

すごいでしょ、資金繰り表って。作りたくてウズウズしてきましたか？

3 資金繰り表を作らないとこうなる

社長が資金繰り表を作らないわけ

資金繰り表は、法で定められている提出書類ではありません。そのため、資金繰り表を作ることに至らないのです。

貸借対照表、損益計算書、キャッシュフロー計算書、このような決算書類は、法定書類ですので、決算に伴って税務署に提出します。

キャッシュフロー計算書は上場企業においては提出義務がありますが、未上場企業には提出義務はありません。

中には、キャッシュフロー計算書を作成している中小企業もあるでしょう。

しかし、資金繰り表とキャッシュフロー計算書は違います。その違いは、２ページ後の『資金繰り表』と『キャッシュフロー計算書』は違います」を読んでください。

決算書類は期末の書類ですが、期中においても、会社の財務状況は気になります。

そこで内部資料として作成されるのが、**「試算表」**です。

試算表は、決算の途中のような資料ですから、仕訳を入力していれば、特に大した手間もなく、作成できます。これで満足してしまうんです。

資金繰り表を作成するように社長を促すのですが、なかなか作成しません。何かの縛りがないと、作成する意義を見出せないのです。

そんなとき、私がよく経験する社長との問答があります。

私　「ところで、会社のお金の推移はどうなっているのですか?」

社長　「試算表の現預金残を見ればわかります」

私　「なぜ増減しているのですか?」
社長「売上が増減した」
私　「どうしてそう言えるのですか?」
社長「今までの経験」
私　「そのエビデンス（証拠）はあるのですか?」
社長「すべて頭の中」
私　「今後の資金繰りはどうなりそうですか?」
社長「先々のことは誰にもわからない」
しかし、最後の質問をすることで社長は動きます。
私　「将来の資金繰りが不安ではありませんか?」
社長「……。そりゃあ、不安です。」
社長は、ここに作成する意義を見つけることができます。その後は、社長は資金繰り表を大いに活用します。これが、金融機関に資金繰り表の提出を求められて作成してしまうと、資金繰り表は金融機関用になってしまって、活用できません。

目的が**「社長や会社のため」ではなく、「金融機関のため」になってしまっているからです。**

〈余談〉「資金繰り表」と「キャッシュフロー計算書」は違います

よく「資金繰り表とキャッシュフロー計算書の違いは何ですか」とか、「キャッシュフロー計算書じゃ、ダメですか」と聞かれることがあります。私は次のように答えます。「キャッシュフロー計算書は、過去の現預金の流れを表しています。資金繰り表は、過去から未来の現金の流れを表しています。**資金繰り表は過去の検証と未来の予測ができます**」

「できない理由」を語る会社ほど、月末近くに騒ぎ出す

資金繰り表を作らない社長の典型的な末路をお話しします。

何度も言うように、資金繰りがうまくいっていない会社は、早急に資金繰り表を作成しなければいけません。特に日々の資金繰りが厳しい会社は日繰り表の作成が必要です。

とは言っても毎日資金繰り状況を確認するとなると、なかなか腰が重いのが現実です。社長も、そして財務経理担当者も、今までやってこなかったことをやることに対する拒否反応が起こります。そして何かと理由をつけるのです。できない理由を。

「取引金融機関が10社もあるので、毎日記帳だけでも時間がかかる」

「隣町に行かないと支店がないので、記帳できない」

この社長はお金がなくなることより、通帳記帳の面倒くささをとるという不思議な現象が起こるのです。

今では記帳をしに行かなくても、ＷＥＢ上で通帳の入出金状況を確認することができます。

使い勝手の悪い銀行であれば、その通帳を使わなければよいだけです。

「そうは言っても、引落しがあるから通帳が必要です」→全て変更届を出しましょう。

「でも、借入の返済があるのでそれは変更できません」→動きのある返済日前に入金すればよい話です。返済日まで動きがない通帳であれば、毎日記帳する必要はありません。

このような言い訳を続けて日繰り表の作成を拒んでいる会社ほど、月末近くになって、お金が足りない、と言って騒ぎ出します。そして、すべての通帳の残高確認をし、仕入先に支払いを引き伸ばす連絡をし、得意先には入金の催促をし、大混乱に陥ります。

結局、最後にやっていることは、残高確認のための記帳です。記帳を毎日行っていれば、取引先にも迷惑をかけませんし、信用を失うこともありません。入出金管理ができていないために現預金がどのくらいあるかわからない。どのくらい入金があって、どのくらい支払いがあるのかわからない。日繰り表は家計簿をつけているのと変わりません。誰でもできます。


優先順位をつけましょう。

今会社にとって何が必要でしょうか。

売上も大事、利益も大事ですが、金融円滑化法を活用している会社が今すぐ取りかからなければいけないことは、お金がどのくらいあるかの把握です。

毎日の資金の流れをしっかりつかまなければ、明日お金が不足するかもしれません。

「どうやったらやらなくて済むのか」ではなく、「どうやったらできるのか」。

発想を変えていきましょう。

お金のない会社は日繰り表を作成しよう

資金繰り表は、利益計画と併せて作成するので、月ベースで作成されます。

しかし、月末には収支がプラスでも、月中にはお金がなくなることがあります。

たとえば、給与が25日払であれば、25日にドンとお金がなくなります。売上入金が多いのは、通常月末ですから、月末にはお金が増えてプラスになります。月末には現預金はプラス、25日はもしかしたら現預金がマイナスになっているかもしれません。

そこで日繰り表の必要性が出てきます。この日繰り表をつけておけば、月中の増減を把握できます。特に月末の現預金が月商1カ月分以下になっている会社はこの日繰り表をつけてください。

日繰り表をつけるポイントは、毎日コツコツ家計簿のようにつけ続けることです。巻末に添付しましたので、ぜひご活用ください。

経理担当者には旅をさせよう

資金繰り表の作成をするのは経理担当者だと思いますが、社長以上に新しいことに拒否反応を示す場合があります。

自分の仕事が入力業務である、と思っている経理担当者はたくさんいます。そして社長もそう思っているのです。そのため、資金繰り表の作成を彼らに頼むと、前向きに作成しようとしません。

「忙しい」という、必殺の言い訳で後回しにし、いつになっても作成されません。

これは社長にも大いに責任があります。経理担当者を事務処理担当者程度にしか見ていなかった、ということです。

資金繰りに困っている会社では、このような意識で経営している会社は少なくありません。経理担当者も入力はするけれども、数字の意味を理解できていない、という中小企業も多いのではないでしょうか。

こういった場合、会社はどうすればよいのでしょうか。

もちろん経理担当者に資金繰り表の作り方やその必要性を説明することも大事です。

しかし、本当に必要なことは、**いろいろな現場を見せることです**。営業はどうやって営業をしているのか、開発はどんなものを作っているのか、などを知ることで会社全体を理解することが、経理担当者には必要です。

ただ資金繰り表を作成してくれと言われて、会社のことを理解せずに作成すれば、できあがった資金繰り表は「絵に描いた餅」です。

経理担当者を一日中、同じ椅子に座りっぱなしにさせてはいけません。いろいろな部署を見せてください。

「経理担当者はこういう仕事」という風に、型にはめても、はまってもいけません。社長も経理担当者も、固定観念を打ち破ってください。そうすることで、財務経理部門の奥深さを学べるのです。

お金の流れが見えない

資金繰り表を社長が作成する必要はありません。社長は社長としてやるべきことをやってください。

前項でお伝えした通り、資金繰り表は経理担当者に作成してもらえばいいです。託すことが難しければ、コンサルタントなどの専門家に手伝ってもらってください。社内で作るのが理想ですが、それができなければ協力を得ればいいのです。

私のクライアントにも、資金繰り表をどうやって作ってよいかわからず、依頼してくるケースが多いです。私は、それをお断りしません。

とは言うものの、すべてを外部に任していると、お金の流れが見えないままです。そうならないように、資金繰り表は一緒になって作ることにしています。すると、社長も経理担当者もだんだん流れが見えてきます。

さらにそれをもとに、今度は社内で日繰り表を作ってもらいます。２カ月間の日繰り表の流れを見れば、大概の入出金状況は確認できます。そうすれば、いつ頃どのくらいの入金や支払いがあるか、頭の中で見当がつくようになるのです。

私のクライアントの社長は全員、2カ月先の資金繰り状況を何も見ないで諳《そら》んじることができます。資金繰りに関してこちらから質問をすると、具体的に話をするのです。

とはいえ、私と最初に出会ったときは、資金繰り表？　経営改善計画書？　という方も少なくありませんでした。当初、一緒に作成した資金繰り表や経営改善計画書をパワーアップさせて持ってくる社長もいます。「どうだ！」と言わんばかりに。

それでいいのです。数字に対する苦手意識がなくなっているのです。

先々、お金の流れがどうなっていくかわかっているので、安心して本業に取り組むことができるのです。顔つきも変わってきます、というより、元の強い社長の姿に戻っていきます。

自信が戻ってくるので、「後手後手の対応」が「先手先手の対応」に変わっていきます。

結果、会社が上手く回り始めるのです。

嘘っぱち利益計画

資金繰り表は計画を立てて、実績と比較します。資金繰り表の計画を立てるためには毎月の利益計画を作成する必要があります。それをもとに資金繰り表を作っていきます。

あまりにも現実離れした〝将来バラ色の利益計画書（バラ色計画書）〟を作っていると、資金繰り表もバラ色になってしまい、現実味がなくなってしまいます。融資など、必要ありません。現金がどんどん増えていくのです。計画では。

これを私は**「マイダス資金計画」**※と呼んでいます。

現実的な利益計画を作っておけば、それと連動させた資金繰り表は現実的です。利益計画と資金繰り表を連動させていないと、こういうバラ色計画書を作成してしまい、何とも思わずに提出してしまいます。

その後、このバラ色計画書をもとに資金繰り表を作成してみると、マイダス資金計画になっている、つまり計画上、現金が異常に増えている状態になっているのです。

何度も言うようですが、資金繰り表は金融機関に出すためのものと考えてはいけません。社内の管理用として活用して初めて本当の価値が出るのです。

※マイダス資金計画

「マイダス」は、手に触れるものすべてを金に変えてしまう力を持った神話上の王様「マイダス王」に由来しています。マイダス王は、娘まで金に変えてしまい後悔します。ここから派生し、お金をどんどん生み出す資金繰り表を私は「マイダス資金計画」と呼んでいます。非現実的な資金繰り表を作っても、何の意味もありません。マイダス王のように後悔しないよう、現実的な資金繰り表を作りましょう。

コンサルタントの悪い癖

資金繰り表を作成する過程では、コンサルタントのお世話になることもあると思います。コンサルタントには、実に様々な専門分野があります。ときには彼らの得意分野に誘導されることもあるかもしれませんが、常に心にとどめておいてほしいことは、それが実務に活かされるかどうか、ということです。面白いツール・ノウハウでも、それが実務に生かされなければ意味がありません。特に企業再生については、一刻の猶予も許されないわけですから、その見極めが大事です。特にコンサルタントから経費削減を求められたときは注意してください。

確かに経費削減は即効性があります。社長はコンサルタントの言う通り、経費を削ります。改善が目に見えるので、効果が上がっていると思います。

しかし、思わぬ落とし穴があります。それは人員を削りすぎたため、必要な人材、優秀な人材までも削ってしまっているということです。

そのうえ、残った人員も、モチベーションが思いっきり下がっています。

宣伝広告費もしかり、開発もしかり、何もかも大幅削減したため、売上が下がってきています。まさに「雨漏りした家」の末期的状況です。

また、売上の仕組み作りは、経費削減と違って即効性はありませんが、徐々に効果を表します。ここは疎かにしてはいけません。ここまでアドバイスできるコンサルタントであれば、かなり有望です。

この本は営業本でもマーケティング本でもないので、これ以上詳しくはお伝えしませんが、経費削減とともに売上・営業利益の増強にも努めてください。そして、短期戦略と中期戦略、同時並行でキャッシュを増やす対策を講じてください。

会社のお金とプライベートのお金はきっちり分けよう！

中小企業では、社長兼株主の場合が多いです。この状態が公私混同を生む原因になっています。

経費の中には、休日の食事代は福利厚生費、奥様のバック、洋服、アクセサリー類は消耗品費、家族旅行は旅費交通費、自家用車も資産に入っていたりと、いろいろなものが入っています。

景気がいいときは、お金が足りなくなることもないので気になりませんが（気にならなければいいというわけではありませんが）、この不景気に今までと同じことをしていたら、大変です。

どれが会社のお金で、どれが私用のお金か、きちんと分けましょう。公私混同になっているので、なかなか実態を話してくれず、立て直しが思うように進まないということがあります。私用のお金を除くと、お金が回るということが判明する場合もあります。

こういうときは、すべてをさらけ出しましょう。会社のお金を自由に使えなくなって、家庭サービスにお金が使えなくなる？　素晴らしい会社にして、たくさん報酬を得て、健全な家庭サービスをしてください。

遅れているから「すぐ返す」はダメ

「売上入金があったから遅れている分をすぐ支払おう」

いたって健全な発想ですが、すぐにやめてください。道徳的には正しいのですが、経営的には間違っています。ここまで来たら「誠意」大将軍になる必要はありません。それよりも、もっと未来を見て、そのときにきちんと返せている状態であればよいのです。

早く支払いをしたばかりに、また資金繰りが悪化して支払いが延長してしまえば、それこそ不誠意です。今（現在）ばかり見て、未来が見えていないことになります。

時間軸を変えましょう。

「過去↓現在↓未来」という考え方をやめましょう。**「未来↓現在↓過去」**と時間は流れているのです。

未来を見据えて今の行動を起こしましょう。過去は変えられませんが、未来は変えられます。未来を変えるために今（現在）があります。未来を変えたいから、今を生きているのです。

経営改善計画書などもそうです。将来の目標を達成するために、今、何をするか、ということで作成しているのです。

この本は決してスピリチュアル関連の本ではありません。

スピリチュアル関連の本だとなかなか現実に移すことが難しいこともありますが、経営改善計画書などは、現実に作成することができます。そう、経営改善計画書は未来を見据えた未来計画書なのです。すごいでしょ、スピリチュアルのパワーって。いえいえ、決してスピリチュアルではありません。

粉飾決算のツケ

粉飾決算をして赤字会社を黒字化させて、借入できる状態の決算書を作り融資を受ける、という会社が少なくないということは、まぎれもない事実です。

資金繰りが悪化しているのに、根本的な手を打たずにいる、最悪のパターンです。

元々赤字ですから、お金を生み出していない会社です。それが何期も続いており、その資金不足を融資で賄っていますから、どんどん借入が増えます。そのため、返済額は恐ろしい金額になります。決算書もガッタガタ。いつ正常に戻るのでしょうか。

粉飾決算は一種の麻薬です。一度やると、やめたくてもやめられなくなります。しかし、やめる日が来ます。金融機関に見つかるときか、それとも会社が潰れるときです。

そうなる前に相談をしてください。

企業再生コンサルタントは、中小企業のサポーターです（笑）。

さて、具体的に粉飾決算をしている会社の決算書はどうガッタガタになっているのでしょう。

ここでは、資金繰りの話をしているので、**「現金勘定」**を見てみましょう。

現金勘定を使った粉飾として、現金での売上を水増しする方法が考えられます。現金は通帳のように証拠が残りません。だから現金売上にして売上を装うのです（こういう会社はだいたい現金出納帳をつけていません）。

他にもこういうことをしている会社があります。

まず、粉飾をして、掛売上を計上します。

そこで発生した売掛金は実際にはないものですから、どこかで、売掛金を帳簿上から消さなければいけません。早く消したいということを焦って実行してしまうのが、**「現金回収」**という方法です。そしてその結果どうなるか。わかりますよね。異常に現金残が増えてしまうのです。

このような方法を使うことで、現金残が1000万円や2000万円になっていたりします。どう見ても不自然です。

以前、城南電機の社長が大量の現金を持ち歩いていて有名になりましたが、あのような商売をしていなければ、現金というのはそんなに手元にありません。

現金を持っている人というのは、大型金庫の前でバスローブを着て、葉巻をくゆらせ、ワイングラスを回しながら、ひざにシャム猫……こんなイメージしか思い浮かびません。現実的ではないですよね。

第6章

あなたはどのタイプ？ 資金繰りに苦しむ社長の傾向と対策

倒産する会社の社長、資金繰りに苦しむ会社の社長の共通点とは？

タイプ1／苦手なことはやりません！「あとまわし社長」

営業畑出身の社長の場合、体育会系で体力には自信があり、**得意なことだけどんどん推し進める、というタイプの方が多いです。**しかし**興味のないことには無関心。自分の好きな営業マンを側近につけ、心地よい環境を作ります。**

このタイプの社長は、「なぜ利益が上がらないのかわからない」と平気でうそぶきます。基本、その理由を知る努力はしません。

営業が売上さえ上げていれば問題なく、財務・経理はあとまわし。すべてうまくいくと考えている営業第一主義です。

このタイプは**計画書を作りません。**作ったとしても、財務や経理の社員や税理士にさせ、数字の説明もしません。というより、必要がないと思っています。

ただ営業については熱く語ります。

こういう会社は、財務の優秀な人材が育ちにくいので、業績が落ち込んだとき、資金調達に苦労し、窮地に陥ります。仮に、優秀な財務担当者がいたとしても、財務に重きを置かないため、財務担当者が優秀であればあるほど、すぐに辞めてしまいます。結果、常に窮地に立たされるわけです。

【改善策】「あとまわし社長」は、経理の学校に通え！

「あとまわし社長」は、今までの自分の成功体験が土台になっているため、なかなか自分を変えることができません。

自分を変えるためには、違う体験をすることが必要です。今まで自分の知らなかったことを体験することで、相手の気持ちがわかるようになります。それが、この社長が軽視していた経理の学校なのです。

ポイントは、**通信教育を選ばないこと。学校に通ってください。**

あなた以外は、すべて経理の資格をとりたい、経理の仕事をしたいという人たちが集まっています。彼らがどういう思いで勉強しているのか、話をすることで感じることができます。

今まで営業の立場でしか考えられなかったことが、他の立場の考え方も理解できるようになるのです。

「あとまわし社長」は根っからの営業マンですから、体験するとそれを表現したくなります。すると、今までまるで興味のなかった数字について、財務・経理担当者や税理士に対して数字の改善方法を求めたり、その改善方法が物足りないときに意見したりします。こういうタイプの社長は興味を持つと、ものすごい勢いで吸収していきます。数字に強い営業あがりの社長になれば、無敵です。

「自分を変える」という意味では、今までの良いところは伸ばしていき、問題があるところは修正していくということです。決して今までの自分を全否定するということではありません。そこはお間違いのないように。

タイプ2／表面的には解決できます！「とりあえず社長」

社内政治が得意なタイプが社長になるとこうなります。社長になると対外的にも、社内的にも、いろいろな問題が起こります。その**すべてに色よい返事をしてしまうタイプです。**

社内的な問題を例にとりましょう。

社内では、異なる部署同士のそりが合わないことは日常茶飯事。当然、問題が起こります。開発部門と営業部門、営業部門と財務部門など、どこにでもある対立ではないでしょうか。それぞれの部署で重きを置く点が違うのですから。こういう社長は、ただでさえ対立しやすい部署間に、拍車をかけてしまうのです。

営業部門から「来週中にこういう商品を作ってほしい」と言われれば、「とりあえずや

って みて」と言い、開発部門から人員を増やさなければできないと言われれば「とりあえず増やそうか」と言い、財務部門から「そんな資金は出せない」と言われれば、「とりあえず開発部門と相談して」と言う。

簡単に言えば、自分で決断する力がなく、誰からも嫌われたくないのです。そうしているうちに社長にはOKをもらった、こっちももらった、と言い合いになり、ただでさえ部署間の交流が薄いのに、対立は深まっていきます。そして最終的には、社長に対する不満が高まっていきます。

こんな社長は、企業再生をするときも同じです。人員削減をして血を流さなければいけないときも決断ができず、不採算事業から撤退しなければいけないときも決断ができず、誰にも嫌われない方法で、何とか解決できないかと考えるのです。この決断力のなさが、徐々に会社を蝕んでいきます。

返済猶予を申請するときも同じです。金融機関に嫌われないよう、実現できもしない経営改善計画書を作ってしまうのです。いわゆる〝バラ色計画書〟を出す経営者も、このタイプが多いのです。

【改善策】「とりあえず社長」は、座禅を組め！

このタイプの社長は覚悟が足りません。自己主張ができないのは、自己がないのではなく、**常に周りに影響され、自分を見失っているのです。**

自分を見つめ直し、本当の自分を見つけ出すには、座禅修行が最適です。座禅をすることで、心をリセットすることができます。

全員に気に入られたいという煩悩を解き放ってください。全員に気に入られることが不可能であることは、本当はわかっているはずです（私なんて学生時代、「生理的に受け付けない」と初対面で言われたことがあります。最初から嫌われているのです）。

すると、自分がどうありたいかが明確になってきます。

それが「覚悟」です。

周りに気に入られようとすることがバカバカしくなります（好き勝手やってしまえ、という意味ではありませんよ）。達観とまではいかないかもしれませんが、どこか殻を破った感覚を手に入れることができます。ここで言う座禅とは、心を「無」にし、心の掃除をするということ。それがやがて「覚悟」につながっていくのです。

とは言うものの、会社に行けば現実が待っています。

最初のうちは、その覚悟が長時間続かないこともあります。それは覚悟とは言わないのではないかと思うかもしれませんが、そんなものです。ですから、座禅修行を毎日、もしくは毎週1回行うこと、つまり習慣化して続けていくことが大切です。そのうち覚悟も本物になっていきます。

ちなみに座禅修行のメンバーを見ると、社長が結構多いことに気づかされます。どの社長も常に心の葛藤と戦っているのです。あなただけではないのです。

タイプ3／私のせいではありません！「無責任社長」

最終的に責任をとらなければいけないのは社長なのにもかかわらず、すぐ人のせいにしたがる社長がいます。これが「無責任社長」です。

この社長はよく、社員がきちんと仕事をしないと言います。しかしこういう社長は、**社**

員がどのような仕事をしているか、きちんと把握していません。把握していないから、平気でこういうことが言えるのです。

社員を上手く動かすのは、社長の仕事です。そもそも、社長がきちんと仕事をしていないのです。

しかしこの社長、社員がきちんと仕事をしていないのは、それぞれの責任者がきちんと仕事をしていないからだと言います。それがさらに進むと、自分の右腕である人間がきちんと仕事をしていない、とまで言ってのけます。だから自分の責任ではない、と。しまいには、この業界はもう厳しいと言います。厳しくない業界などありません。

こういう社長からよく、「金融機関の対応が急に悪くなった。金融機関は冷たくなった」という声を聞きます。その原因がどこにあるか見定めようとしません。当然、金融機関は、そういった性格に対し、信用しなくなります。

こんなことをしていては、誰からも愛想を尽かされます。最後には家族からも愛想を尽かされてしまいますよ、本当に。

【改善策】「無責任社長」は、合宿せよ！

このタイプの社長は、人を大事にしません。**人を利用すればよいと考えているのです。**その根底に流れている考え方は、「人を信じていない」ということです。人をゲームのコマのように考えることで、自分の持つ感情を排除しているのです。人を信じるようになるためには、**社員と一緒に合宿することがオススメです。**

合宿でただ寝食を共にするだけでは足りません。社長も社員も一緒になって対抗戦のグループ研修を行うのです。

研修では、社長も社員も同じ目線でものを考えてもらいます。

ここで大事なのは、社長はあまり出しゃばらないこと。社長が入ったグループでは、社長はサポート役になるくらいの気持ちで参加してください。

社長はここで初めて、社員一人ひとりの性格や考え方を知ります。社員がコマではないということが認識できるようになります。

一方、社長の入っていないグループは、ここぞとばかりに社長グループを倒そうと本気になります。社長グループもそんなことはさせまいと本気になります。

この本気のぶつかり合いが、「信頼関係」につながるのです。それは率直に、自分の意見を言える環境が醸成されているからです。こうして社長と社員のわだかまりのようなものが、少しずつ軽減されていきます。

さらに一緒に体を動かすことが大事になります。アドレナリンを出しまくるのです。これもグループ対抗で行います。

何をやるかというと、冬なら雪合戦、それ以外の季節はゲートボール。雪合戦は攻撃する人、雪玉を作る人、おとりになる人、いろいろな役割を決めます。

グループで戦略を練るということを体感させるのです。ここでの役割分担は、適材適所という考え方に基づいて行います。

ゲートボールも、相手のボールに当てて押し出したり、ボールをどこに移動させるか考えたり、かなり戦略的です。ルールのわからない方も多いと思いますが、やってみるとチーム力が試されます。そして大変盛り上がります。

運動は、チームの一体感を高めます。

何のスポーツでも良いとは思いますが、老若男女誰でもできるスポーツで、一緒に考えることができるスポーツがおすすめです。個人戦のスポーツや、一部の人だけが楽しめるようなスポーツはおすすめできません。

こうして「無責任社長」は、血の通った人間同士の信頼関係の力強さを感じられるようになるのです。

タイプ4／今まで通りやっていきたい！「まったり社長」

どんなに会社が危機に陥っても、なかなか行動に起こせない、**現状維持を愛するタイプです。**

人間、新しいことをやることに抵抗を感じます。前例がないことをやるにはパワーも必要ですし、不安もあります。それでもやらなければ会社が潰れてしまうのに、相変わらずいつも通りのマンネリ化した仕事をし続けているのです。ずっと社内の中にいるような社長に多いタイプです。そして楽をしてどうやって稼げるかなどと考えてしまうのです。

現状を維持し続けるには、新たな取組みや行動を起こすしかありません。何もしなければ、どんどん業績は落ちていきます。

日本経済が右肩上がりのときはそれでよかったのかもしれません。しかし、これから新たな高度経済成長が日本で起こることは考えにくいです。そのことは頭ではわかっているのですが、体が動かないのです。

このタイプは、融資や返済猶予を受けたら、それだけで安心してしまいます。**決して新たな行動を起こさず、今までと同じようにお金を使って毎月現金残高だけ減らしてしまうのです。**

周りをすぐに変えることは不可能です。すぐに変えることができるのは自分自身だけです。それを変えることができなければ何も変わりません。

【改善策】「まったり社長」は社長訪問せよ！

このタイプの社長は、〝社内ひきこもり〟になっています。

会社にいればすべて社員がやってくれるという甘い考えがあり、常に社内にいようとするため、新しい情報も刺激も入ってきません。外部と自分を遮断することで、自分の世界に閉じこもっているのです。

こういう社長は、**取引先の社長にドンドン会うことが必要です。**そうすることで、取引先の状況を肌で実感することができます。すると、この会社は要注意先だな、ここは景気がいいな、などとわかるようになります。

さらに大事なことは、景気の良い会社の社長と話をすることです。この不況の時代に、景気のよい会社はどういうことをしているのかを、直接トップから聞くのです。経営者同士ですから、いろいろ話をしてくれます。おそらく今まで「まったり社長」がやっていないことに取り組んでいるでしょう。そして常に改善して少しでも前進する努力を日頃から行っているでしょう。経営者としての考え方、人の使い方、お金の使い方、開発への取り組み方、効率化、会議の仕方、宣伝の仕方……様々なことを常に考え、実行しています。

そういった話を聞いて、「まったり社長」は危機感を覚えます。それが「刺激」です。

図12　資金繰りに苦しむ社長の傾向と対策

タイプ1「あとまわし社長」

得意技：得意なことだけどんどん推し進める。もちろん計画書は作らない／自分の好きな営業マンを側近につけ、心地よい環境をつくる

改善策：経理の学校に通わせる⇒普段と違う人たちに触れ、興味を持つようになる

タイプ2「とりあえず社長」

得意技：すべてに色よい返事をする

改善策：座禅を組む⇒全員から気に入られたいという煩悩を解き放つ

タイプ3「無責任社長」

得意技：すぐ人のせいにする

改善策：社員と一緒に合宿し、社長と同じ目線でものを考える機会を作る

タイプ4「まったり社長」

得意技：現状維持を愛し、新たな行動は起こさない

改善策：取引先の社長にどんどん会い、刺激を得る

眠ってしまっていた経営者魂にポッと火がつくのです。

この取引先への訪問ですが、決して毎月訪問する必要はありません。訪問できる件数にも限界があるでしょう。私の経験上、だいたい会社は3カ月経つと状況が変わっていることが多いので、3カ月に1回を目安に訪問するとよいでしょう。

1カ月に1回だと社長同士が馴れ合いになってしまったり、担当営業マンが対処すべき問題を、社長が対処してしまう、ということにもなりかねません。

こうした姿を案外社員は見ています。自分たちも変わらなくてはいけない、と意識し、思わぬ効果が出てきます。社長が変われば、会社は変わるのです。

このように、倒産したり、資金繰りに苦しむ会社の社長には、必ず特徴があります。中には、複数の特徴を持っている社長もいます。そのことを認識して、考えを改めていくことが大事です。

改めることがなかなか難しい場合は、**社長が比較的言うことを聞く人にサポートしてもらいましょう。**

弱点を克服していくことで、会社も社長も社員も、幸せになる可能性が高まっていくのですから。

おわりに

最後に、あなたにお伝えしたい言葉があります。

それは、**「初心」**です。

この言葉は、ノーベル生理学・医学賞を受賞した山中伸弥・京都大教授が色紙に書いた言葉でもあります。たぐいまれな能力を持つ山中教授が、ノーベル賞で決して奢ることなく、「今後、初心を忘れずに一科学者として、創薬を行っていきたい」といったコメントをされたとき、私は強い想いを感じました。ノーベル賞が最終目的ではなく、薬を創り、治療に役立てることが山中教授の願いなのでしょう。

あなたはいかがでしょうか？　会社を作ったとき、あるいは会社を継いだとき、もちろん入社したときでも構いません。そのときの気持ち、初心はどういったものだったでしょうか？　今よりも、もっと〝熱い想い〟を持っていたのではありませんか？

私があなたにお伝えしたいのは、知識を深めて行動に移すということはもちろん、その「行動」にあなたの「想い」を乗せてほしいということなのです。


この本をきっかけにして資金繰りが改善すれば、私も、とてもうれしく思います。

しかし、初心を持ち続けなければそれ以上は達成できません。資金繰りの改善は、あくまでもあなたの「短期的な」目標です。それは、「初心」ではありませんよね。

あなたの「初心」は次のようなものではなかったですか。


売上100億円企業にしたい。

社会のために貢献したい。

じゃんじゃん儲けて、裕福な暮らしがしたい。


もう一度思い出してください。若かりし頃の過去の話と思わないでください。思い出さない限り、目標が「資金繰りの改善」のままで終わってしまい、「資金繰り改善」という目標を達成した途端、また資金繰りが悪化してしまいます。なぜなら、達成した後、目標がなくなってしまい、気持ちが続かなくなってしまうからです。
オリンピックの選手が金メダルを獲得したり、力士が横綱になったりと目標を達成した後、強い想いを持ち続けることが難しい場合がありますよね。それと同じです。

しかしあなたには、「初心」があります。
それが達成できるまで、走り続けてください。
きっとその姿勢に共感してくれる人が現れます。
そしてあなたを支えてくれるでしょう。
その出会いを奇跡と言う人もいるかもしれませんが、これは必然です。
前向きな姿勢は人を呼び、やがて豊富な人脈へとつながっていくのです。
私は、企業再生を精神論で片付けるつもりは毛頭ありません。
本書は私の経験を踏まえ、中小企業が実践できる実務的な内容をできるだけわかりやすく書いたつもりです。しかし最後の決め手として、やはり精神面は大きいのです。
あなたなら必ずできます。

Keep tryin'!!

最後に、金融円滑化法、資金繰りという専門的な内容を出版してくれた総合法令出版編集長の田所様の太っ腹に感謝します。また、体調を崩しながらも私のつたない文章をきれいにまとめ上げ、最後までサポートしてくれた編集の大島様にも大感謝です。
そして、お父さん、お母さん。私を産んでくれてありがとう。本を出版しただけで自慢の息子になれたわけではありませんが、少し親孝行ができたのではないかと思います。
起業前の大変な日々を見守ってくれた妻にも本当に感謝で、頭が下がる思いです。起業後も大変なことに変わりはありませんが、それは笑い話にしてください。本当にありがとう。

私は本当に多くの人に支えられてきました。苦労も多かった分、幸せはその数倍、数十倍、いや数百万倍もらうことができました。本当にありがとうございました。
そして、この本が少しでも皆様のお役に立つことができれば、もっと幸せです。

2013年1月

小泉昌克

小泉昌克　Masakatsu Koizumi

1973年北海道生まれ。企業再生コンサルタント。

株式会社ササエル代表取締役。ササエル社会保険労務士事務所所長。

明治大学卒業後、大手信用金庫に就職。主に中小企業への融資業務に携わる。その後、会計事務所、ベンチャー企業でのCFO（最高財務責任者）等を経て独立。「会社を支える、社長を支える、そして活力のある組織づくりのサポートをする」をモットーに、株式会社ササエルを設立する。金融機関・会計事務所・事業会社での三社三様の勤務経験を活かし、「中小企業の町医者」として、資金繰りに悩む企業の再生をはじめとする数々の経営サポートに携わる。また、経営者視点で会社を把握し、「強い組織のあり方」「能力を高め、引き出すための人材育成のあり方」「数字だけに固執しない事業のあり方」を実現するべく、財務・人事のみならず、営業・マーケティングについてもサポートを行う。

これまで手掛けた企業の90％以上を1年以内に資金繰り改善へ導くなど、高い実績を誇る。

他にも、組織の力を引き出すためのDiSC® 認定ファシリテーター（人材開発トレーナー）としても活躍するなど、多角的に企業経営の根幹を支えている。

株式会社ササエル　ホームページ
http://sasal.jp/

※巻末の資料は次のURLよりダウンロードいただけます
http://sasal.jp/tokuten

装丁　田中正人
本文組版・図表作成　横内俊彦
編集協力　小山睦男（インプルーブ）

元融資担当が教える

銀行が見放さない資金繰りの方法

〜「金融円滑化法」が打ち切られても生き残るための鉄則〜

2013年2月4日　初版発行

著　者　小泉昌克
発行者　野村直克
発行所　総合法令出版株式会社
〒107-0052　東京都港区赤坂1-9-15 日本自転車会館2号館7階
電話　03-3584-9821（代）
振替　00140-0-69059

印刷・製本　中央精版印刷株式会社

ISBN 978-4-86280-343-6

総合法令出版ホームページ　http://www.horei.com/

計画	計画	計画	計画	計画	計画	計画	
12_09	2012_10	2012_11	2012_12	2013_01	2013_02	2013_03	合計

〈巻末資料①〉■資金繰り表

	計画 2012_04	計画 2012_05	計画 2012_06	計画 2012_07	計画 2012_08
前月繰越残高（A）					

【営業収支】

収入	現金売上					
	売掛金回収					
	受取手形割引					
営業収入計①						
支出	現金仕入					
	買掛金支払					
	支払手形決済					
営業支出計②						
営業収支（B）＝①－②						
差引過不足（C）＝(A)＋(B)						

【経常収支】

収入	雑収入入金					
営業収入計③						
支出	人件費					
	地代家賃					
	水道光熱費					
	その他支出					
経常支出計④						
経常収支（D）＝(B)＋③－④						
差引過不足（E）＝(A)＋(D)						

【設備収支】

収入	設備売却					
設備収入計⑤						
支出	設備購入					
設備支出計⑥						
設備収支（F）＝⑤－⑥						
差引過不足（G）＝(E)＋(F)						

【財務収支】

収入	借入金（長期）					
	借入金（短期）					
	定期預金取崩し					
財務収入計⑦						
支出	借入返済（長期）					
	借入返済（短期）					
	税金納付					
財務支出計⑧						
財務収支（H）＝⑦－⑧						
次月繰越残高（I）＝(G)＋(H)						